Finanzieller Minimalismus:

Wie Sie mit einfachen Tipps Geld sparen, Ihre Finanzen in den Griff bekommen und Ihre finanziellen Ziele erreichen. Finanzieller Minimalismus und Geld sparen.

Nina Jacobi

Finanzieller Minimalismus:

Wie man mit einfachen Regeln Geld spart, schuldenfrei wird und dabei trotzdem auf seine Kosten kommt. Ein Ratgeber, um Ihre finanziellen Ziele zu erreichen.

Nina Jacobi

Inhaltsverzeichnis

Einführung 1

Kapitel 1 – Einkäufe 5

Kapitel 2 – Ihr Budget 10

Kapitel 3 – Budgeteinsparungen 15

Kapitel 4 – sich SMARTE Ziele setzen 19

Kapitel 5 – erste Schritte 21

Schlusswort 39

Einführung

An was denken Sie, wenn Sie das Wort „haushalten" hören? Es wird häufig in Verbindung mit dem Wort „streng" gebraucht. Es ist möglich, dass Sie dabei an billige und minderwertige Autos oder Hotels denken. Es ruft Gedanken an den sparsamen Umgang mit Geld in uns hervor und oft gehen die Menschen das Haushalten nur halbherzig an, weil sie denken, dass das Haushalten schlechte Qualität bedeutet und uns das Gefühl gibt, dass alles, was man möchte, außer Reichweite ist.

In diesem Buch wird das Haushalten von einem völlig anderen Blickwinkel aus betrachtet und es wird Ihnen gezeigt, dass Sie nichts ablehnen und auch nicht jeden Cent umdrehen müssen, wenn Sie bestimmte Grundsätze des Minimalismus umsetzen. Ein minimalistisches Budget beruht auf einem gewissen Grad der Erfüllung und des Reichtums, was für viele Menschen ein Widerspruch in sich ist.

Es überrascht nicht, dass Ihnen zu dem Wort „haushalten" zuerst Geld eingefallen ist. Geld ist eine Ressource, die gefürchtet, gespart und gefeiert werden sollte, wenn man sie hat, und sonst betrauert und beklagt wird. Uns wird gesagt, dass Haushalten unumgänglich ist. In einer Welt, in der es immer etwas gibt, das wir kaufen müssen, obwohl wir genau wissen, dass wir nicht endlos viel Geld besitzen, ist das Haushalten eine praktische Maßnahme, die wir anwenden sollten.

Zum Haushalten gehört jedoch viel mehr als das. Geld ist nur eine der Ressourcen, und wahrscheinlich auch nicht die einzige, die wir verwalten müssen. Auf gewisse Weise beruhen die Grundsätze des Minimalismus auf einer elementaren Auslegungsweise des Haushaltens. Genauso wie man sein Einkommen und die Ausgaben miteinander abgleichen muss, erfordert der Minimalismus, dass unsere Bedürfnisse mit unseren Handlungen zusammenpassen. Es macht keinen Sinn, Essen für sechs Personen zu kaufen, wenn Ihr Haushalt nur aus drei

Personen besteht. Genauso ist es wenig sinnvoll, sein Zuhause mit Dingen vollzustopfen, die man weder will noch braucht.

Durch dieses Buch bekommen Sie ein besseres Verständnis für die eigentliche Bedeutung des Haushaltens. Wir werden sehen, dass Geld nicht die einzige Ressource ist, die Sie verwalten müssen, und dass wir mithilfe des „Haushaltsbuchs des Lebens", in dem Verhalten, Gefühle, Geisteseinstellungen und Sozialkapital aufgeführt werden, häufiger klügere Entscheidungen treffen.

Bei dem Minimalismus geht es nicht darum, sich zu bestrafen oder zu hungern und auch nicht darum, mit weniger auszukommen als man braucht. Bei dem Minimalismus geht es darum, herauszufinden, was man braucht und dieses Bedürfnis ohne Überschuss zu befriedigen. Haushalten bedeutet demnach zu verstehen, was man wirklich braucht und wie man Ressourcen effizient zuteilt.

Die meisten Ratschläge zum Haushalten zeigen, wie man Geld hier und da abzwackt. Wir schauen uns die Bereiche an, für die man noch nicht so wenig wie möglich ausgibt oder am absoluten Minimum lebt und jede Art von Extras wird als unnötig, ausschweifend oder sogar schon fast unmoralisch angesehen. In diesem Buch bekommen Sie Ratschläge, wie Sie Ihr Leben analysieren und Bereiche finden, in denen Sie ohne große Mühe mit wenig auskommen oder auf welche Sie auch komplett verzichten könnten.

Während es immer hilfreich ist, sparsam zu sein und bewusst mit Geld umzugehen, geht es bei dem minimalistischen Haushalten vielmehr darum, bewusst Entscheidungen zu treffen und weniger darum, auf etwas zu verzichten. Um den Unterschied deutlich zu machen, haben wir folgendes Beispiel für Sie ausgewählt:

Eine neue Spülmaschine kaufen – auf dem Papier kommt es einem durch die Anschaffungskosten vielleicht wie Luxus vor, immerhin kann man das Geschirr ja auch mit der Hand abwaschen. Beim herkömmlichen Haushalten würde dieser Einkauf in die Kategorie „un-

FINANZIELLER MINIMALISMUS

nötig" fallen. Immerhin kann man auch ohne Spülmaschine leben. Das hört sich logisch an und es kann sein, dass man sich dann besonders gut fühlt, wenn man das Geschirr mit der Hand abwäscht.

In diesem Buch werden Sie durch das minimalistische Haushalten dazu angeregt, Ihre Sichtweise auf die Spülmaschine zu erweitern. Natürlich spart man Geld, wenn man sich keine kauft, aber da Geld nicht die einzige Ressource ist, auf die wir uns konzentrieren, sieht man so das große Ganze nicht. Kostet es wirklich nichts, das Geschirr mit der Hand abzuwaschen? Sie sollten bedenken, dass es Stunden dauert, den ganzen Abwasch händisch zu machen, und dass es Sie vielleicht auch ärgern wird. Wenn Sie die Aussicht, am Abend eine weitere halbe Stunde mit dem Haushalt zu verbringen, nervt, dann geben Sie auf und essen Sie in einem Restaurant, was bedeutet, dass Sie kein Geld gespart haben.

Werden Sie sich klar darüber, was Ihnen mehr wert ist, das Geld, das Sie sparen konnten, indem Sie sich keine Spülmaschine gekauft haben, oder der Lebensstil, den Sie aufgeben mussten, weil Sie sich dafür entschieden haben, das Geschirr mit der Hand abzuspülen. Sie können nichts mit sich nehmen, wenn Sie sterben, aber an was möchten Sie sich auf Ihrem Sterbebett erinnern, an die Sparsamkeit oder an ein sinnerfülltes Leben, das Sie genossen haben?

Einfaches Haushalten betrachtet diesen Aspekt nicht. Der Sinn des Lebens ist, glücklich zu sein, und Geld hilft oft dabei. Aber wenn man sich so sehr auf Geld versteift, dass es einen unglücklich macht, dann erfüllt das Haushalten seinen Sinn nicht mehr.

Minimalistisches Haushalten ist dem herkömmlichen sehr ähnlich, es wird allerdings mehr Wert auf das gelegt, was wirklich wichtig ist. Während Sie in diesem Buch geschickte Möglichkeiten finden, Geld zu sparen, werden Sie dennoch immer wieder dazu aufgefordert, sich bewusst zu machen, was das Ersparte auf lange Sicht für Sie bedeutet. Wir werden uns Einkaufs- und Ausgebgewohnheiten anschauen, uns über Schulden, erreichbare Ziele für die Arbeit und das Zuhause und viele weitere Dinge Gedanken machen. Wir werden uns ebenfalls mit verlässlichen Mitteln auseinandersetzen, wie Sie diese Prinzipien in die Tat umsetzen können und uns darauf konzentrieren, fokussiert und motiviert zu bleiben.

Kapitel 1 – Einkäufe

Fangen wir mit diesem Kapitel ganz vorne an, bei dem Moment, wenn Sie gerade etwas kaufen wollen, bezahlen und mit Ihren neuen Einkäufen, die von jetzt an einen Teil Ihres Lebens bilden, nach Hause gehen. In Wirklichkeit kaufen so viele Menschen Dinge, ohne an sie gedacht zu haben, bis sie sie im Laden sehen, und sie durch die Werbung zum Kauf angetrieben werden.

Typischerweise ist das Einkaufen eine Übung in Unbekümmertheit, es ist eines der Dinge, über die man nicht lange nachdenken kann, sonst ist es sehr wahrscheinlich, dass man mit derselben Menge Geld wieder aus dem Laden geht, wie man zu Beginn der Einkaufstour hatte. Wenn Sie jemals zuhause einen Einkauf betrachtet und ihn bereut haben, dann sind Sie Opfer der Fallen geworden, in die unbedachte Kunden treten.

Achtsamer Konsum bedeutet, feste Prinzipien zu haben, dass man weiß, was und warum man etwas will. Dann sind Sie fast unbeeinflussbar durch die Werbung. Wenn Sie einen Laden betreten, ohne genau zu wissen, warum, was Sie brauchen und wollen, dann laden Sie die Kräfte des Marketing geradezu dazu ein, Ihnen das Geld aus der Tasche zu ziehen.

Hier sind einige Ratschläge, wie Sie bewusster einkaufen:

Vermeiden Sie es, Geschäfte zu betreten, wenn Sie müde, gelangweilt oder traurig sind

Werbung spricht Sie nicht an, wenn Sie in Bestform sind, sondern wirkt auf Schwäche, Angstgefühle und Geiz. Damit die Werbung der meisten Produkte auch funktioniert, muss der Kunde (Sie) das Gefühl haben, dass ihm irgendetwas fehlt. Das kann zum Beispiel das Handy sein, das zu alt und nicht mehr aktuell ist, oder dass Sie nicht gut aussehen oder sich schlecht fühlen und dass nur das neue Produkt X dieses Problem lösen kann. Wenn Sie einen Laden in dieser Stimmung betreten, dann sind Sie prädestiniert dazu, diese Nachricht zu empfangen. In den meisten Teilen der westlichen Welt werden die Menschen dazu angehalten, ihre Probleme zu lösen, indem sie sich neue Sachen kaufen. Achten Sie auf diese negativen Gefühle und seien Sie vorsichtig, wenn Sie Entscheidungen treffen, um sich besser zu fühlen.

- Erkennen Sie Ihre Auswahlmöglichkeiten

Als Jäger und Sammler ist die Schnäppchenjagd schon seit langer Zeit in uns verwurzelt, genauso wie die Fähigkeit, das zu finden, was wir brauchen. Es ist nicht übertrieben zu behaupten, dass die Qualität unserer Entscheidungen niemals besser sein kann als die Qualität unserer Auswahlmöglichkeiten. Wenn Sie nichts Besseres kennen, dann können Sie unmöglich eine Entscheidung treffen. Fallen Sie nicht auf die Annahme herein, dass Sie derjenige sind, der beim Einkaufen die schlechten Entscheidungen trifft, weil Sie es nicht besser wissen. Sie gehen vielleicht immer zu einem Laden um die Ecke, weil es bequem ist, aber fragen Sie sich doch mal, ob es nicht auch noch andere Möglichkeiten gibt? Könnten Sie Ihre Einkäufe im Internet erledigen? Eine der gängigsten Werbetricks ist, dem Kunden zahlreiche Alternativen zu präsentieren, aber es liegt an Ihnen, nicht zu vergessen, dass Sie die Macht haben, zu wählen und dorthin zu gehen, wo es andere Auswahlmöglichkeiten gibt.

- Machen Sie sich einen Plan

Manchmal funktionieren spontane und kurzentschlossene Entscheidungen, aber weitaus häufiger verwirren sie und trüben den Fokus in Ihrem Leben. Machen Sie sich eine genaue Vorstellung von dem, was und warum Sie etwas brauchen, bevor Sie einkaufen gehen. Wenn es Ihnen hilft, dann schreiben Sie eine Liste und gehen Sie dann einkaufen, wenn Sie Zeit haben und die Geschäfte nicht überfüllt sind.

FINANZIELLER MINIMALISMUS

- Seien Sie realistisch

Es gibt ein ganzes Berufsfeld, das sich damit beschäftigt, die Waren in den Geschäften ansprechender aussehen zu lassen. Licht, besondere Darstellung und Musik dienen dazu, alles besser wirken zu lassen. Es kann sein, dass Sie unbewusst dieser Beeinflussung folgen, doch wenn Sie Ihre Einkäufe zuhause ausräumen, stellen Sie fest, dass Sie sich doch nur ein einfaches T-Shirt gekauft haben. Strengen Sie sich richtig an und stellen Sie sich jedes Produkt in Ihrem Leben vor. Wie wird es zu Ihnen passen? Würde Ihre Familie das wirklich essen? Wie wollen Sie dieses neue Gerät in Ihrem Alltag nutzen?

- Achten Sie auf Qualität

Gewöhnen Sie sich an, auf die Qualität von neuen Dingen zu achten, überprüfen Sie den Saum von Kleidungsstücken, schauen Sie sich an, wie Spielsachen oder Werkzeuge aufgebaut sind, prüfen Sie die Garantie, die Sie auf bestimmte Geräte bekommen und überdenken Sie, wie viel Pflege jedes Produkt benötigt, wenn Sie es gekauft haben. Kaufen Sie nie etwas, wenn Sie es nur für kurze Zeit verwenden möchten. Genauso wie Sie sich vorstellen, wie das Produkt in Ihr Leben passt, denken Sie darüber nach, wie es in einem oder zwei Jahren aussehen könnte.

- Halten Sie es einfach

Nahrungsmittel sind ein Bereich, dem „zusätzlicher Wert" beigemessen wird. Sie haben auf Ihrer Einkaufsliste Kartoffeln stehen, aber im Laden werden fünf verschiedene Sorten zu unterschiedlichen Preisen und Biostufen usw. angeboten. Wenn Sie sich einfach nur Kartoffeln aufgeschrieben haben, dann ist es sehr wahrscheinlich, dass es dieses Nahrungsmittel nicht wert ist, sich so intensiv damit zu beschäftigen oder die bestmögliche Entscheidung zu treffen, die im Endeffekt relativ wenig Bedeutung für Sie hat. Machen Sie einfach weiter. Dies gibt Ihnen Zeit, spezifischere Bedürfnisse ausfindig zu machen und das Beste aus ihnen herauszuholen, wie beispielsweise zwei Flaschen des frischen Saftes mit dem grünen Etikett.

- Vergessen Sie andere Ressourcen nicht

Sie haben vielleicht den Rat gehört, dass frisches Gemüse billiger ist als vorgeschnittenes oder auf welche Weise auch immer verarbeitetes. Aber wenn Sie nach dem Minimalismus handeln und nicht nur aus reiner Sparsamkeit, dann müssen Sie das große Ganze betrachten. Man kann vielleicht ein bisschen Geld sparen, indem man einen Sack voller sperriger, ungewaschener und ungeschälter Kartoffeln kauft. Doch bevor Sie nach dem Sack greifen, sollten Sie zu diesem Preis auch die Zeit und die Mühe mit einrechnen, die es Sie kosten wird, das Gemüse zu schälen und klein zu schneiden. Wenn Sie in der gleichen Zeit, in der Sie die Kartoffeln schälen und klein schneiden, Geld mit Ihrer Arbeit verdienen könnten, dann haben Sie mit der billigeren Version nicht wirklich gespart. Tatsächlich verlieren Sie sogar Geld, indem Sie Ihre Zeit mit dem Schälen von Kartoffeln verbringen. Manchmal ist Zeit eben Geld und es liegt an Ihnen, ein ausgewogenes Verhältnis zu finden.

- Betrachten Sie die Dinge in relativem Verhältnis

Entwickeln Sie die Gewohnheit, den Preis von Gegenständen mit dem Preis anderer Dinge auszudrücken. 100€ scheinen nicht viel Geld für ein neues Gerät zu sein, aber Sie sehen den Preis in einem anderen Verhältnis, wenn Sie überlegen, dass das der Wert von zwei T-Shirts, 20 Tassen Kaffee oder genug Hundefutter für einen ganzen Monat ist. Stellen Sie sich vor, wie viele Stunden Sie dafür arbeiten müssen und entscheiden Sie, ob das Produkt X so viel Lebenszeit wert ist.

- Vergleichen Sie sich nicht mit anderen

Die Werbeindustrie lebt davon, dass Menschen unsichere und gesellige Wesen sind. Wie viele Dinge sind im Lauf der Geschichte schon gekauft worden, nur um mit anderen Menschen mitzuhalten, die den besagten Gegenstand bereits erstanden haben? Wie viel Wert eines

FINANZIELLER MINIMALISMUS

Produkts besteht eigentlich nur darin, dass andere es gut finden? Drängen Sie sich nicht selbst dazu, sich Dinge zu kaufen, nur weil Sie das Gefühl haben, dass jeder sie braucht. Wir glauben gerne, dass wir dem Gruppenzwang mit zunehmendem Alter entwachsen, aber dennoch verschulden sich viele Erwachsene hilflos, um ein Haus zu kaufen, nur weil die Welt das von uns als Erwachsenen erwartet.

- Wenn alles nichts hilft, geben Sie Ihr Geld auf keinen Fall denjenigen, die Ihnen sagen, dass Sie ein Nichts sind

95 Prozent der Werbung beruht darauf, dass uns vorgespielt wird, wie schrecklich oder blöd unser Leben ohne ihr bestimmtes Produkt ist. Wollen Sie dieses Verhalten etwa belohnen, indem Sie diesen Menschen Ihr Geld geben?

Kapitel 2 – Ihr Budget

Da dieses Buch nicht nur von finanziellem Haushalten handelt, sondern auch andere wichtige Faktoren anspricht, unterscheiden sich unsere Budgets. Das große Ziel für dieses erweiterte Budget ist, den Mittelweg zwischen dem, was wir wollen und brauchen und den Ressourcen, die wir haben, zu finden – und dazu gehört nicht nur Geld.

Oscar Wilde sagte einmal, dass, wenn man nur noch zwei Pfennige besäße, man sich von dem einen ein Brot und von dem anderen eine Lilie kaufen sollte. Dies ist vielleicht etwas extravagant, aber er verstand etwas von dem Wert und dem Haushalten. Er maß seiner Inspiration und seinem Gefühl für das Wohlergehen, in dem Glauben, dass die Welt ein wunderschöner Ort ist, genauso viel Wert bei wie der Notwendigkeit, zu essen. Oscar Wilde war der Meinung, dass es nicht wert ist, den Magen mit doppelt so viel Brot zu füllen, um dafür seine Seele zu vernachlässigen. Es ist klar, dass wir klug und achtsam mit unserem Geld umgehen wollen, aber es gibt noch zwei weitere Ressourcen, die die Menschen üblicherweise vergessen, in ihre Haushaltsplanung mit einzurechnen. Diese Ressourcen heißen Zeit und Wert.

Zeit

Ihr Gehalt kann sich immer ändern und sogar, wenn Sie Ihren Job verlieren sollten, haben Sie wahrscheinlich Ersparnisse oder zumindest eine Abfindung, was Ihnen hilft, eine Weile lang über die Runden zu kommen. Man kann sich immer irgendwo Geld ausleihen, oder es sogar stehlen, doch das Gleiche trifft nicht auf Zeit zu. Wir sind jetzt gerade am Leben, aber niemand weiß, wie viel Zeit uns bleibt und es kann plötzlich vorbei sein. Geld kann man verdienen und ausgeben, Zeit ist jedoch festgelegt. Wir alle sterben, es spielt keine Rolle, an welchem Punkt in unserem Leben wir uns befinden, und niemand hat einen Tag mit mehr als 24 Stunden. In dieser Hinsicht sind wir alle

FINANZIELLER MINIMALISMUS

gleich.

Die Grundlage jeder Arbeit ist es, Zeit gegen Geld zu tauschen. Sie verkaufen einen Teil Ihrer Arbeit und Mühen (Ihre Zeit) im Austausch für Geld. Das ist vollkommen in Ordnung, wenn Sie das Geld dafür verwenden, Ihre restliche Zeit zu verbessern. Leider vergessen viele Menschen diesen Teil des Ganzen. Der Ausgleich zwischen Geld und Zeit ist vergessen und wir treffen Entscheidungen, als ob wir endlos viel Zeit hätten und Geld das Wichtigste wäre.

Anstelle von Geld fängt das minimalistische Haushalten mit der Zeit an, der wertvollsten und unabdingbaren Ressource. Sie denken vielleicht, dass es kontraproduktiv ist, sich mit Ihrem Zeitmanagement zu beschäftigen und dadurch Zeit zu verschwenden, wenn das Minus auf Ihrer Kreditkartenabrechnung Ihre Aufmerksamkeit verlangt, aber die beiden Bereiche sind untrennbar miteinander verbunden. Ein Haushaltsplan, in dem es ausschließlich um Geld geht, löst nur die Hälfte Ihrer Probleme.

Fangen Sie mit dem an, was Sie haben, nämlich 24 Stunden am Tag, sieben Tage pro Woche. Legen Sie Ihre Bedürfnisse fest und arbeiten Sie sich von hinten nach vorne. Es ist gut, mit dem Schlaf anzufangen, damit können Sie etwa sieben bis acht Stunden wegstreichen. Als nächstes fallen Ihre Essenszeiten weg, genauso wie die Zeit, die Sie im Bad und für den Sport brauchen. Seien Sie kein Idealist. Sie denken vielleicht, dass Sie jeden Morgen eine Stunde brauchen, um sich fertig zu machen. Seien Sie aber ehrlich und prüfen Sie, wie lange Sie wirklich benötigen. Keine Zeit ist „tot", wenn Sie also denken, dass Sie jeden Tag mindestens eine Stunde zum Abschalten brauchen, dann planen Sie auch das mit ein.

Wenn Sie Ihr Leben so analysieren, dann merken Sie, wie viel Zeit Sie eigentlich mit Dingen verschwenden, die Ihnen gar nicht wichtig sind. Die Menschen beschweren sich, weil ihnen die Zeit fehlt, sich richtig zu entspannen, aber dann verschwenden sie ihre Zeit damit, sich sinnlose und billige Fernsehsendungen anzuschauen oder im Internet zu surfen, was ihnen gar nichts bringt. Das deutet auf ein Problem mit dem Zeitmanagement hin, was uns wiederum zeigt, dass die Gewohnheiten, wie wir unsere Zeit verbringen, nicht im Einklang mit unseren Zielen und Werten stehen.

Genauso wie Sie für keine Versicherung bezahlen wollen, die Sie gar nicht brauchen, wollen Sie Ihre Zeit auch nicht mit Dingen verschwenden, die nicht zu Ihren großen Zielen passen. Die 24 Stunden sind vorbei, egal, wie Sie sie verbracht und welche Entscheidungen Sie getroffen haben. Die Tatsache, dass unser Leben ein Ende hat, ist erschreckend genug, und zu wissen, dass man die Zeit, die einem bleibt, damit verbringt, Klatsch im Internet zu lesen oder sinnlose Fernsehwerbung zu schauen, macht diese Wirklichkeit noch härter.

Das Problem mit der Zeit ist, dass man sich nicht mit ihr verschulden kann. Wenn Sie mehr Zeit für eine Sache aufwenden als Sie wirklich wollen, wird sie an anderer Stelle weggenommen. Während man ein sinnloses Computerspiel spielt, entgehen einem andere Gelegenheiten und man verpasst bessere Chancen. Es ist Ihre Entscheidung, ein Computerspiel vier Stunden am Stück zu spielen, und selbst, wenn Sie es nicht so sehen, dann sagen Sie, dass Computerspielen wichtiger als alles andere ist, was Sie in der gleichen Zeit machen könnten.

Mit der Zeit hauszuhalten bedeutet, sich zu fragen, ob das wirklich die beste Art ist, seine Zeit zu verbringen. Hier ist ein kleiner Tipp, wie Sie erkennen, ob Sie Ihre Zeit verschwenden: Haben Sie immer viel zu tun und ständig das Gefühl, nie Zeit zu haben? Sie gehen mit dem Gefühl ins Bett, vergessen zu haben, etwas von Ihrer großen Aufgabenliste zu streichen. Sie sind sonntagabends deprimiert, wenn Sie daran denken, wieder in die Arbeit gehen zu müssen, Sie fühlen sich unwohl und fragen Ihre Mitmenschen „wo ist dieser Monat nur hin verschwunden?"

Wert

Die zweite wertvolle Ressource ist subtiler und meistens steht Geld für „Wert". Es ist ein Symbol des Wertes, den wir Dingen zuweisen, und gesamte Volkswirtschaften sind auf den Grundlagen gebaut, die entstehen, wenn wir uns darüber einig werden, wie viel etwas wert ist. Am wichtigsten ist jedoch, dass der monetäre Wert einer Sache weder festgelegt noch unabdingbar ist. Der Wert einer Sache ändert sich mit der veränderten Wahrnehmung ihres Wertes.

Der Einzige, der den wirklichen Wert einer Sache festlegen kann, sind Sie selber, der Mensch, der das Leben lebt. Geld ist nur ein Ersatzwert und es ist wichtig, sich ständig zu fragen, welchen Wert bestimmte Dinge unserem Leben bringen, egal, was uns auf dem freien Markt als wertvoll verkauft wird.

Mit einem Fokus auf grundlegendere Werte haushalten bedeutet, dass man sich fragt, welche Dinge zu der Lebenserfahrung beitragen. Ihr Lebensstil, die Art, wie Sie sich bewegen, sich fühlen usw. sind alles versteckte Teile Ihres Entscheidungsprozesses. Kommen wir noch einmal auf das Kartoffelbeispiel zurück. Sie kaufen vielleicht die ungewaschenen, ungeschälten Kartoffeln, weil Sie festgestellt haben, dass Sie die Zeit in der Küche genießen und solche Aufgaben gerne machen.

Sie können Ihrem Tag oder Ihrem Leben vielleicht nicht mehr Zeit hinzufügen, aber Sie können die Qualität der Zeit verbessern, die Sie haben. Wenn Sie Ihre Entscheidungen treffen, sollten Sie ernsthaft in Betracht ziehen, Ihre Zeit mit etwas zu verbringen, dass Sie befriedigt. Und am wichtigsten ist, dass Ihnen niemand vorschreiben kann, was für Sie wichtig ist. Der einfachste Weg herauszufinden, wie wichtig der Faktor Wert in Ihrem Lebensbudget ist, ist abzuklären, was Ihnen wirklich wichtig ist. Was ist der Sinn des Lebens? Wann sind Sie am glücklichsten und aktivsten? Wenn Sie keine besonderen Momente ins Leben rufen und diese Dinge verfolgen, dann sollte es Sie nicht überraschen, dass Sie am Ende des Tages das Gefühl haben, dass alles umsonst gewesen ist.

Leider denken viele Menschen, dass ihre wahren Vorlieben an zweiter Stelle stehen, und sie diese erst genießen können, wenn sie allen anderen Verpflichtungen nachgegangen sind. Das Problem bei diesem Ansatz ist, dass sich die Menschen nach dem Erfüllen dieser Verpflichtungen leer fühlen und fragen, wofür das alles überhaupt gewesen ist.

Das Haushalten ist weitaus effektiver und bedeutungsvoller, wenn man bedenkt, dass wir Menschen sind, die sich wirklich danach sehnen, emotional und spirituell erfüllt zu sein. Wenn das praktisch bedeutet, dass Sie auf keinen Fall weniger als zwei Stunden pro Woche mit der Chorprobe verbringen möchten, dann wird diese Zeit ein genauso fester und dauerhafter Teil unseres Planes wie das Schlafen sein.

Kapitel 3 – Budgeteinsparungen

Jetzt, da Sie festgestellt haben, welche Bereiche Ihres Lebens unantastbar sind, können Sie sich Teile vornehmen, die nicht in diese Kategorie fallen. Wenn man eine Linie um die Dinge zieht, die man nicht ändern kann (die Zeit, die wir haben) und um die, die man nicht ändern will (Ihre Werte und Vorlieben), dann bleiben die Bereiche Ihres Lebens übrig, die praktisch angepasst werden können. Sie müssen sich jedoch selbst versprechen, die wichtigen Bereiche nicht anzurühren. Wenn Sie sich selber jeden Tag eine Stunde Zeit geben, um etwas Wichtiges zu tun, dann betrügen Sie sich nicht selbst, indem Sie diese wertvolle Zeit opfern. Es mag Ihnen vielleicht so vorkommen, als ob diese Zeit nicht viel bedeutet, aber bedenken Sie, dass der Verlust Ihres Wohlergehens und des Zwecks in der Gegenwart früher oder später eine große Rolle spielen wird.

Dieses Kapitel ähnelt stark den herkömmlichen Haushaltstipps, auf die Sie bisher gestoßen sind. Das Prinzip ist einfach, wenn etwas nicht wichtig ist, dann wird es auch kein Problem sein, die Menge der Ressourcen, die Sie dafür aufwenden, zu verringern. In einem funktionsgestörten Haushaltsplan spiegeln sich nicht Ihre wahren Werte wieder.

Erneut besteht der Unterschied zwischen dem herkömmlichen und dem minimalistischen Haushalten darin, dass wir nicht versuchen, allem zu entsagen, sondern, dass wir nur auf das verzichten, was uns nichts bringt oder was uns in unserem tiefsten Werteverständnis als unnötig erscheint. Alles Überflüssige zu kürzen gibt uns oft die Möglichkeit, unsere wahren Vorlieben besser auszuleben. Wenn wir nicht abgelenkt werden und nicht mehr das Bedürfnis verspüren, sinnlosen Müll in unserem Alltag zu behalten, dann können wir uns voll auf die Dinge konzentrieren, für die wir gerne unsere Zeit und unser Geld aufbringen.

Die Tipps, die Sie in diesem Buch finden, können Ihnen als Inspiration dienen, jede einzelne Ausgabe in einem Monat zu analysieren. Es hilft Ihnen vielleicht, diese Zahlen in Prozent umzuwandeln, was Ihnen einen besseren Vergleichswert zu anderen Ausgaben liefert. Sie könnten beispielsweise feststellen, dass Sie jeden Monat 70€ für Ihre Bücherkollektion ausgeben.

Wenn Sie sich den Rest der Liste anschauen, dann stellen Sie fest, dass Ihnen, abgesehen von der Zeit, die Sie mit Ihrem Neffen verbringen, das Lesen am meisten Freude bereitet. In der nächsten Spalte geben Sie dann einen Prozentsatz ein, der den Wert widerspiegelt (das ist die Anfangsphase, um sich Haushaltsziele zu setzen). Wie wichtig sind Bücher in Ihrem Leben? Wie viel Prozent Ihres Einkommens sind Sie bereit, für dieses Hobby auszugeben? Wenn sie die einzige Sache in Ihrem Leben sind, die sie wirklich glücklich macht, dann wäre es nur fair, ihnen 10 Prozent Ihres Einkommens zu widmen. Warum auch nicht? Die Menschen kämpfen sich auf der Suche nach dem Glück durch ihr ganzes Leben, wenn Sie das Glück schon gefunden haben, dann nähren Sie es. Wenn Sie 2000€ verdienen und nur 70€ für Bücher ausgeben und eigentlich bereit wären, bis zu 200€ dafür auszugeben, dann stimmt etwas mit Ihrem Haushalten nicht. Wenn überhaupt, dann richten Sie ihren Haushaltsplan eher nach den Zielen von anderen Menschen als nach Ihren eigenen.

Der perfekte Prozentsatz hat auch etwas mit dem bereits erklärten Konzept der Zeit zu tun. Wenn 2 Prozent Ihrer ganzen Ausgaben auf Zeitschriften entfallen, spiegelt das dann den tatsächlichen Wert von Zeitschriften in Ihrem Leben wieder? Es kann sein, dass der optimale Prozentsatz sogar noch niedriger ist, wenn Sie bei genauerer Betrachtung feststellen, dass Zeitschriften nur wenig zu Ihrem Leben beitragen.

Finden Sie heraus, wie viel Zeit Zeitschriften in Ihrem Leben einnehmen und tragen Sie das Ergebnis in die Zeitspalte ein. Zeitschriften gehören zu den Dingen, die uns zusätzlich eine halbe Stunde kosten,

FINANZIELLER MINIMALISMUS

weil sie durchgeblättert, gekauft dann weggeworfen werden müssen. Rechnen Sie all das zusammen und tragen Sie es dann in der Zeitspalte ein. Wie viel Zeit verlieren Sie dadurch, die Sie mit anderen Dingen verbringen könnten? Das genannte Beispiel der Spülmaschine hat einen positiven Wert, weil es Ihnen erlaubt, die Zeit zu sparen, die Sie sonst mit dem Abwasch verbracht hätten.

Betrachten Sie alle Bereiche und Gegenstände, Sie müssen dabei nicht zu genau sein, es geht lediglich darum, zu erfahren, welche Auswirkung jeder Gegenstand auf Ihr Leben hat und welche Kosten dabei für Ihr Leben entstehen. Es ist möglich, dass Sie dabei feststellen, dass Sie Ihr Budget für Sachen ausgeben, die Ihnen eigentlich gar nicht wichtig sind oder Ihr Leben sogar noch verschlechtern. Sehen Sie, wie wenig Zeit und Geld Sie für Ihre eigenen Werte ausgeben? Es kann sich herausstellen, dass Sie nur denken, eine bestimmte Menge an Zeit, Geld und Energie für etwas aufzubringen, wenn es in Wirklichkeit viel mehr oder weniger ist.

Das Budget „zu kürzen" hört sich nicht gut an, oder? Sehen Sie es jedoch eher wie eine Art Frühjahrsputz an, wenn Sie überlegen, was Sie streichen könnten. Bei dem minimalistischen Haushalten geht es nicht nur um Kürzungen und um Bescheidenheit, sondern um Effizienz. Wenn Sie Ihre monatlichen Ausgaben kürzen, sehen Sie es als Möglichkeit, mehr Raum für die Dinge zu schaffen, die Ihnen wirklich am Herzen liegen. Machen Sie den Anfang, indem Sie herausfinden, für welche Dinge Sie Geld ausgeben, die für Sie jedoch keinen Wert haben. Streichen Sie diese. Überlegen Sie, welche Dinge mehr Zeit in Anspruch nehmen als ihnen zusteht. Eine bestimmte Sache mag zwar gut erscheinen, wenn Sie es aus finanzieller Sichtweise betrachten, aber wenn es um den Zeitverbrauch geht, sollte sie besser gestrichen oder gekürzt werden. Streichen Sie sie weg.

Kapitel 4 – sich SMARTE Ziele setzen

Wenn Sie Ihren Lebensstil schon eine Weile führen, dann sind Sie wahrscheinlich in Gewohnheiten gefangen und brauchen Zeit, um sich von gewissen Dingen zu trennen. Bestimmte Gegenstände, Rituale oder Menschen brauchen Zeit, um zu verschwinden. Das kann eine große Veränderung wie ein Umzug sein, oder aus weniger bedeutenden Dingen bestehen, wie morgens auf den Kaffee zu verzichten oder auf andere Weise zur Arbeit zu gehen.

Ein „schlaues" Ziel ist eins, das man mit größter Wahrscheinlichkeit erreichen kann. Machen Sie keine gute Idee zunichte, indem Sie sich unerreichbare oder unklare Ziele setzen, wie „ich werde besser essen" oder „ich werde aufhören, meine Zeit mit Zeitschriften zu verschwenden".

SCHLAUE Ziele sind:

Klar und deutlich

Lassen Sie nichts unklar, was bedeutet „besser essen"? Mehr Gemüse und Früchte? Wie viel mehr? Ein klares Ziel ist „ich werde jeden Tag zum Abendessen Gemüse und morgens ein Stück Obst essen".

Messbar

Woher wissen Sie, dass Sie Ihr Ziel erreicht haben? „Weniger Zeitschriften im Monat kaufen" ist nicht messbar, „jeden Monat nur eine Zeitschrift kaufen" sehr wohl.

Erreichbar

Es ist klar, dass Sie ein Ziel nur erreichen können, wenn es auch erreichbar ist. Seien Sie realistisch, der Plan, Ihre monatliche Arzneimittelrechnung zu kürzen, kann nicht funktionieren, wenn Sie an mehreren chronischen Krankheiten leiden.

Realistisch

Dieser Punkt ist der Tatsache, dass die Ziele erreichbar sein müssen, sehr ähnlich. Wir setzen uns Ziele, weil wir besser sein wollen, aber setzen Sie die Messlatte nicht zu hoch. Sich vorzunehmen, die monatlichen Ausgaben um die Hälfte zu kürzen, kann nicht funktionieren.

Zeitbasiert

Ein gutes Ziel hat ein Ablaufdatum. „Irgendwann" erlaubt Ihnen unterbewusst, nachlässig zu sein. Legen Sie ein Datum in der Zukunft fest, an dem Sie Ihr Ziel erreicht haben wollen.

Beispiele

Kein sehr schlaues Ziel: „Ich werde bei meinem nächsten Lebensmitteleinkauf effizienter sein."

Schlaues Ziel: „Bis zu diesem Tag nächsten Monat werde ich es schaffen, 10 Prozent weniger für Lebensmittel auszugeben."

Kein sehr schlaues Ziel: „Ich werde meine Kleidung nicht mehr so oft waschen, um Waschmittel zu sparen."

Schlaues Ziel: „Morgen werde ich eine große Packung Waschmittel kaufen, um die Kosten für das Wäschewaschen zu senken."

Nicht sehr schlaues Ziel: „Ich werde mehr Zeit mit meinen Kindern verbringen."

Schlaues Ziel: „Jeden Montag werde ich mit den Kindern mindestens eine Stunde im Garten spielen."

Kapitel 5 – erste Schritte

Indem Sie erkennen, was Ihnen wirklich wichtig ist, und dabei Ihre unantastbaren Grenzen (Zeit und Geld) akzeptieren, kommen Sie einen Schritt näher an das Haushalten heran, mit dem Sie nicht nur Geld sparen, sondern mit dem Sie auf dem besten Weg sind, ein allgemein angenehmes und erfülltes Leben zu führen, jedoch immer unter der Voraussetzung, dass Ihre Zeit hier auf Erden begrenzt ist.

Sobald Sie festgestellt haben, welche Werte für Sie wichtig sind, wie viel Zeit Sie zur Verfügung haben und wie viel Geld Sie verdienen, sind Sie mehr in der Lage, unnötige Dinge zu streichen, um zu erkennen, was wirklich zählt. In diesem Kapitel werden praktische Wege aufgeführt, wie Sie die Zeit, das Geld und die Energie verringern, die Sie an Dinge verlieren, die Ihnen nicht helfen, Ihre Ziele zu erreichen. Da jedem Menschen unterschiedliche Ressourcen zur Verfügung stehen, hat jeder Mensch auch andere Lösungsansätze. Manche davon treffen auf Sie nicht zu und das ist in Ordnung. Wenn es Ihnen wichtig ist, Geld oder Zeit in einen bestimmten Bereich zu investieren, um glücklich und erfüllt zu sein, dann müssen Sie in diesen Bereichen auch nicht mit dem Geld sparen.

Essen

Es ist einer der Bereiche, in denen man leicht den Überblick über seine Ausgaben verliert und deshalb am einfachsten Geld sparen kann, ohne sich überhaupt anzustrengen. Erkennen Sie Ihre größte Motivation und fangen Sie an diesem Punkt an:

Wenn Sie keine Zeit für das Essen haben

Wenn Ihnen Bequemlichkeit wichtiger als Gesundheit ist, dann macht es Sinn, Geld für bequeme Nahrungsmittel auszugeben. Vielleicht konzentrieren Sie sich gerade darauf, Ihr Geschäft aufzubauen oder kümmern sich um einen anderen Bereich. Tauschen Sie die Zeit, die Sie mit dem Vorbereiten und Kochen von Nahrungsmitteln verbringen, gegen Geld ein, das Sie für Lieferservices oder Fertigprodukte ausgeben. Der Tipp, zuhause selber mehr zu kochen, würde Sie nur noch unglücklicher machen, also zahlen Sie lieber Restaurantrechnungen und sparen sich somit Zeit.

Wenn Sie nicht genügend Geld für das Essen haben

Wenn Ihnen gesunde Ernährung wichtig ist, dann gibt es viele verschiedene Arten, sich gesund zu ernähren, ohne zu viel Geld auszugeben. Wenn es Ihnen nichts ausmacht, Zeit in der Küche zu verbringen, dann können Sie Geld sparen, indem Sie sich mit frischen und unverarbeiteten Nahrungsmitteln Ihr Essen selbst zubereiten. Kaufen Sie in großen Mengen ein, kochen Sie und frieren Sie ein. Wählen Sie günstige Nahrungsmittel wie Kartoffeln, Eier, Blattgemüse, Karotten und Hülsenfrüchte aller Art sowie günstiges Gemüse wie Kohl. Die nachfolgenden Tipps, wie man Geld spart, sind für Sie genau richtig.

Wenn Sie weder Zeit noch Geld für Essen haben

Wenn Sie sowohl die Zeit als auch das benötigte Geld kürzen möchten, dann bleibt Ihnen nur, Nahrungsmittel zu sich zu nehmen, die günstig sind und die sich schnell zubereiten lassen. Kaufen Sie sich ein Kochbuch, das Ihnen zeigt, wie Sie schnell Gerichte und mit nur wenigen Zutaten zubereiten. Verwenden Sie einen Schmortopf und gewöhnen Sie sich daran, hauptsächlich Salate und einfache Gerichte zu essen. Smoothies, Gerichte mit drei Zutaten und belegte Brote sind die beste Wahl für Sie.

Maßnahmen, um Geld für Essen zu sparen

- Schreiben Sie sich eine Einkaufsliste und halten Sie sich auch daran.
- Greifen Sie bei Produkten wie Reis und Mehl nach den Eigenmarken der Supermärkte, denn bei diesen gibt es kaum Qualitätsunterschiede.

FINANZIELLER MINIMALISMUS

- Besuchen Sie Bauernmärkte. Das ist sowohl ein netter Familienausflug als auch eine Möglichkeit, an meist günstigere und frischere Zutaten zu kommen.

- Denken Sie im Supermarkt daran, dass die teuersten Artikel auf Augenhöhe stehen. Schauen Sie häufiger nach oben oder unten, und Sie werden oft günstigere, jedoch etwas versteckte Marken finden.

- Essen Sie nur im Restaurant, wenn Sie das Gericht nicht einfach selbst zubereiten können.

- Achten Sie darauf, dass sich das Essen in einem Restaurant auch wirklich lohnt. Wählen Sie ein Lokal aus, das ein All-you-can-eat Angebot hat. Auf diese Weise können Sie frühstücken, das Mittagessen auslassen und sich beim Abendessen richtig satt essen! Halten Sie auch Ihre Augen nach Lokalen offen, die Rabatte für Kinder anbieten.

- Kaufen Sie Früchte und Gemüse der Saison.

- Wenn Sie genug Platz haben, um Ihren eigenen Spinat, Tomaten und Kräuter anzubauen, nutzen Sie ihn und Sie werden feststellen, dass es nur wenig kostet und außerdem eine unterhaltsame Art ist, Ihren Gerichten ohne große Kosten Nährstoffe hinzuzufügen.

- Kochen Sie Brühen und Fonds selber, verwenden Sie Knochen, Gemüsereste und Kräuter und bereiten Sie daraus eine äußerst nahrhafte und schmackhafte Grundlage für so gut wie jedes Essen zu, und das mit Dingen, die Sie normalerweise weggeworfen hätten.

- Legen Sie sich einen Komposthaufen an, Recycling ist quasi der Inbegriff der Sparsamkeit und Ihr Garten wird es Ihnen danken.

- Kaufen Sie Nahrungsmittel, die nicht faulen, in größeren Mengen.

- Kaufen Sie einen gesunden Snack, wenn Sie beim Einkaufen sind, damit Sie nicht durch die Reihen mit Süßigkeiten an der Kasse in Versuchung geraten.

- Kaufen Sie ganze Früchte und Gemüse, die möglichst wenig verpackt sind.

- Bereiten Sie Suppen und Eintöpfe aus günstigeren Fleischteilen zu.

- Verzichten Sie auf Bioprodukte, es sei denn, Sie legen großen Wert darauf. Einige Gemüsesorten und Früchte, wie Ananas, sind immun gegen Schädlinge und werden deshalb nicht mit Pestiziden behandelt. In Äpfeln, Erdbeeren und Paprika hingegen lassen sich jedoch bekanntermaßen sehr häufig Pestizidrückstände finden.

- Kochen Sie in großen Mengen oder verabreden Sie sich mit Freunden, um große Lebensmittelmengen zu sammeln und sie aufzuteilen.

- Versuchen Sie, Ihr eigenes Brot zu backen, die Zutaten sind günstig und frisch. Selbstgebackenes Brot ist mit nichts zu vergleichen.

- Seien Sie bei der Mahlzeit aufmerksam und achten Sie darauf, warum Sie zu viel essen. Ziehen Sie unterbrochenes Fasten in Betracht. Hierbei lassen Sie die eine oder andere Mahlzeit aus und Sie werden sehen, wie gut es Ihrem Körper und Ihrer Seele tut und Ihnen außerdem Geld und Energie erspart, die Sie brauchen, um alle Gerichte immer zuzubereiten.

- Achten Sie auf das Essen, das Sie wegwerfen, verbessern Sie die Qualität Ihres Vorrats, um sicherzustellen, dass Gemüse und Früchte nicht faulen, oder kaufen Sie frische Nahrungsmittel in kleineren Einheiten.

FINANZIELLER MINIMALISMUS

- Denken Sie darüber nach, sich bei einem Online-Einkaufsservice anzumelden. Sie bekommen Ihre wöchentliche oder monatliche Bestellung nach Hause geliefert, wodurch Sie sich sowohl Zeit als auch Mühe sparen.
- Nehmen Sie die Reste des Abendessens mit in die Arbeit oder gewöhnen Sie sich an, sich eine Brotzeit zu richten. Diese Maßnahme hilft Ihnen, im Laufe des Jahres mehrere Hundert Euro zu sparen.

<u>Kleidung</u>

Abgesehen von Nahrungsmitteln geben die Menschen Unmengen an Geld für Kleidung aus. Wenn Sie sich gegen die Bekleidungsindustrie wehren, die Sie davon überzeugen will, sich jedes Jahr eine neue Garderobe zuzulegen, dann kann das mitunter sehr schwierig sein. Kleidung ist ein heikles Thema, weil Kleider für viele Menschen mittlerweile Selbstwertgefühl, Erfolg, Bequemlichkeit und ein bestimmtes Bild, das sie von sich geben möchten, darstellen. Ihre Identität ist an die Kleidung gebunden, die sie tragen. Das alles ist weit von der Tatsache entfernt, dass Kleidung ein Mittel ist, um sich gegen die Elemente zu schützen.

Aus minimalistischer Sicht ist es nicht das Ziel, jemanden aufzuhalten, der großen Gefallen an dem Freigeist und der Kreativität durch das aufwendige Ankleiden und Bezahlen findet. Die minimalistische Philosophie, die wir bereits kennen, sieht vor, dass wir uns ausschließlich auf die Dinge konzentrieren, die uns am meisten bringen, alles andere kann vernachlässigt werden.

Sie erkennen, dass Ihre Gewohnheiten beim Kleiderkauf eher hinderlich als förderlich sind, daran, dass Sie das Gefühl haben, ständig darüber nachzudenken, was Sie tragen möchten, und dennoch nie zufrieden mit Ihrer Entscheidung sind. Sie haben viele Kleider und können sie doch alle nicht ausstehen. Wenn Sie Spontankäufe und Ähnliches machen, sind das ebenfalls Anzeichen dafür.

Wenn Sie keine Zeit für Kleidung haben

Viele Männer haben diese Einstellung Kleidung gegenüber, aber sie lösen ihren Widerwillen, indem sie ihren Frauen oder Müttern die Verantwortung übertragen. Wenn das bei Ihnen klappt, dann können Sie sich glücklich schätzen. Allen anderen, die vorzeigbar aussehen, sich aber nicht stundenlang mit dem Einkaufen beschäftigen möchten, stehen mehrere Möglichkeiten offen. Sie könnten beispielsweise einen persönlichen Einkäufer anstellen, der loszieht und genau das findet, was Sie brauchen. Halten Sie sich an das, was früher bereits funktioniert hat, und bitten Sie Ihre Freunde um ein paar Ideen, in welche Richtung Sie gehen sollten.

Wenn Sie kein Geld für Kleidung haben

Einige der kreativsten und stilvollsten Menschen wuchsen in Armut auf. Heutzutage gibt es im Internet tausende Blogs, auf denen Sie erfahren, wie Sie aus alten Kleidungsstücken wunderschöne neue Teile gestalten können. Wenn Sie die Zeit dazu haben, dann lernen Sie nähen, was Ihnen die Möglichkeit gibt, das, was Sie bereits haben, aufzuarbeiten und neu zu gestalten. Wenn Sie sich neue Kleidung kaufen, dann achten Sie darauf, dass sie zu allem, was Sie haben, passt, für jedes Wetter geeignet ist, und versichern Sie sich, dass die Qualität des Kleidungsstücks ausreichend ist, um ein paar Jahre zu halten.

Wenn Sie weder Zeit noch Geld für Kleidung haben

Wenn Ihnen Kleidung nicht wichtig ist und Sie auch nicht genug Geld dafür haben, dann genießen Sie es! Vielleicht sind Sie ein exzentrischer Professor an der Universität, Mutter von vielen Kindern oder einfach ein Modemuffel! Richten Sie Ihre Aufmerksamkeit auf andere Dinge des Lebens, die Ihnen wichtiger sind.

Maßnahmen, um Geld für Kleidung zu sparen

- Stellen Sie sich Ihre eigene Garderobe mit qualitativ hochwertigen Kleidungsstücken in neutralen Farben zusammen, die mit

FINANZIELLER MINIMALISMUS

fast allem kombiniert werden können. Vielseitig tragbare Kleider, gute Hosen, einfache Strickjacken und ein paar Tops, die zusammenpassen, sind eine optimale Grundlage für Ihre Garderobe.

- Meiden Sie Schlussverkäufe. Wenn Sie sich etwas unter normalen Umständen nicht gekauft hätten, dann sollten Sie es auch jetzt nicht tun, nur weil es billiger ist.

- Misten Sie aus, verkaufen oder verschenken Sie Kleidung, die Sie tragen wollen, wenn Sie mal dünner, gewagter usw. sind. Die Faustregel lautet, alles, was Sie seit einem Jahr nicht mehr getragen haben, versperrt nur Platz und muss raus.

- Seien Sie bei Kleidungsstücken vorsichtig, die chemisch gereinigt werden müssen, denn die Kosten für diese Reinigung summieren sich schnell.

- Legen Sie sich gutes Flickzeug zu, um zerrissene oder kaputte Kleidung zu reparieren. Werfen Sie Schuhe nicht einfach weg, sie können häufig noch repariert werden. Aus dem gleichen Grund sollten Sie auch keine Kleidung wegwerfen, die fleckig ist. Überdecken Sie den Fleck stattdessen mit blauer oder schwarzer Farbe und das Kleidungsstück ist so gut wie neu.

- Lagern Sie Kleidung richtig. Wenn Sie Kleidungsstücke tragen, dann sollten Sie sie auf gepolsterten Kleiderbügeln in einem gut gelüfteten Schrank aufbewahren. Kleidung, die nicht der Jahreszeit entspricht, lagert man am besten in luftdichter Verpackung.

- Waschen Sie Ihre Kleidung nur, wenn sie schmutzig ist. Einfaches Auslüften reicht vor allem für Kleidungsstücke, die nicht direkt mit dem Körper in Kontakt kommen, um sie zwei- oder dreimal tragen zu können. Damit sparen Sie Waschmittel und verhindern den Verschleiß der Kleidungsstücke.

- Bügeln Sie auf niedrigster Stufe, um die Fasern nicht kaputt zu machen.

- Waschen Sie Unterwäsche und Strümpfe mit ein wenig Shampoo von Hand und lassen Sie sie liegend trocknen.

- Kaufen Sie sich für besondere Anlässe, wie Hochzeiten oder Abschlüsse, etwas Einfaches, das elegant genug ist, um formell zu sein, aber trotzdem auch später noch getragen werden kann. Ein einfaches, schwarzes Baumwollkleid kann sehr förmlich wirken, wenn es mit den richtigen Accessoires kombiniert wird.

- Entscheiden Sie sich für Kleider mit natürlichen Fasern. Reine Baumwolle oder Wolle lässt sich gut tragen. Sie dehnen sich nicht und verblassen auch nicht mit der Zeit. Leder kann ein Leben lang halten.

Gesundheit

Es ist traurig, aber wahr, dass es häufig erst ein paar Tage im Bett oder unklare Ergebnisse beim Arzt braucht, bis wir wieder verstehen, wie wichtig gute Gesundheit doch eigentlich ist. Es ist genauso wie beim Sauerstoff, wir bemerken erst, wie sehr wir ihn brauchen, wenn er plötzlich nicht mehr da ist. Aus der Sichtweise vom Verbraucherschutz ist gute Gesundheit oft abgepackt und wird wie ein Produkt verkauft, das auf sozialem Aufstieg beruht. Angestachelt von der Angst vor dem Tod, fehlender Attraktivität oder beidem denken viele Menschen, dass Gesundheit lediglich ein weiterer Punkt auf ihrer Aufgabenliste ist. Erreichen Sie die richtige Zahl auf der Waage und das war's.

Wie oft haben Sie sich schon dazu entschlossen, ein neues Gesundheitsprogramm auszuprobieren, und dann festgestellt, dass Sie sich als erstes etwas kaufen, dem Fitnesscenter beitreten, sich neue Laufschuhe oder Vitamine zulegen müssten? Genau wie die anderen Bereiche, die wir schon aus minimalistischer Sicht des Haushaltens betrachtet haben, geht es auch bei der Gesundheit darum, sich auf das Wesentliche zu konzentrieren und die Extras, die uns Zeit und Geld kosten, wegzustreichen.

FINANZIELLER MINIMALISMUS

<u>Wenn Sie keine Zeit für gute Gesundheit haben</u>

Wenn Sie mehr Zeit mit dem Trainieren verbringen wollen, dann machen Sie sich einfach einen Termin aus! Gesünder zu sein bedeutet, dass man im Allgemeinen länger lebt. Sie kaufen sich somit also mehr Zeit. Wollen Sie sich wirklich durch ein Leben kämpfen, das uns so viel abverlangt, dass wir uns gar nicht um uns selbst kümmern können? Wie dem auch sei, wenn Zeit ein Problem ist, dann entscheiden Sie vorher realistisch, wie viel Zeit pro Woche Sie für Ihre Gesundheit aufwenden können. Ihr Ziel ist es, mit geringstem Aufwand die größten Vorteile für Ihre Gesundheit zu erreichen. Wir müssen nicht alle ständig ins Fitnesscenter gehen und uns richtig ernähren. Wenn Sie durch eine Joggingrunde pro Woche oder hin und wieder einen Tanzkurs gesund bleiben, dann machen Sie genau das und wenden Sie Ihre Aufmerksamkeit wieder den Dingen zu, die Ihnen im Moment wichtiger zu sein scheinen.

<u>Wenn Sie kein Geld für gute Gesundheit haben</u>

Dieses Problem ist weiter verbreitet, aber auch einfacher zu lösen. Sobald Sie sich von dem Gedanken verabschieden, dass Sie Geräte und andere tolle Sachen brauchen, um gesund zu sein, dann sind Sie auf dem besten Weg. Stärken Sie einen schwachen Willen oder Desinteresse nicht auch noch mit Diät-Apps, besonderer Ausrüstung, Entsaftern, Büchern, Kursen, Ergänzungsmitteln oder spezieller Sportkleidung. Die Unternehmen, die diese Dinge verkaufen, werben dafür, dass sie ein absolutes Muss und sogar ein Ersatz für die eigentliche Arbeit sind. Glauben Sie nicht daran. Die folgenden Tipps helfen Ihnen, Ihren Körper zu lieben, ohne viel Geld dafür auszugeben.

<u>Wenn Sie weder Geld noch Zeit für gute Gesundheit haben</u>

Dieses Buch versucht, Ihnen zu zeigen, dass es die Aufgabe Ihres Haushaltens ist, Ihr Verhalten den Vorlieben und Werten anzupassen, sobald Sie sie erkannt haben. Der Fall, dass Sie nicht in Ihre Gesundheit investieren können oder wollen, ist wahrscheinlich eine Ausnahme. Sie können Ihren Körper lange Zeit missbrauchen, bevor er sich wehrt, aber mit der Gesundheit lässt sich nicht verhandeln. Wenn Sie weder die Zeit noch das Geld oder die Energie dazu haben, am Leben zu bleiben und glücklich zu sein, dann wäre es an der Zeit, Ihre Prioritäten zu überdenken.

Maßnahmen, um Geld für gute Gesundheit zu sparen

- Freunden Sie sich mit Youtube an. Auf dieser Seite finden sich Trainingsvideos aller Art, von Yoga bis hin zu Gewichtheben. Sie sind kostenlos, es gibt eine große Auswahl und Sie können sie zuhause in Ihrem Schlafanzug machen.

- Gesundes Essen, mit Ausnahme von qualitativ hochwertigem Fleisch, ist normalerweise günstig. Füllen Sie die Hälfte Ihres Tellers mit Gemüse und schlagen Sie zwei Fliegen mit einer Klappe. Blattgemüse, Kohl, Eier und Tomaten sind gesund und kosten im Vergleich zu den Nährstoffen, die sie enthalten, sehr wenig.

- Informieren Sie sich ausgiebig über Ihre Vitamine und stellen Sie sicher, dass Sie kein Geld für nutzlose Nahrungsergänzungsmittel aus dem Fenster werfen. Homöopathische Mittel und besonders „Superfoods" haben sich alle als wenig effektiv herausgestellt. Sparen Sie sich das Geld, ein gewöhnliches Multivitaminpräparat ist völlig ausreichend.

- Wenn Sie weniger als drei Mal pro Woche ins Fitnesscenter gehen, dann ist es wahrscheinlich an der Zeit, sich einzugestehen, dass es das wohl nicht wert ist. Es kostet Sie weniger Geld, für jeden einzelnen Kursbesuch zu bezahlen, den sie auch wirklich machen.

- Verwenden Sie Zahnseide.

- Wenn Sie weiterhin ins Fitnesscenter gehen, achten Sie darauf, alle Geräte und Angebote zu nutzen, wie etwa die Duschen, das

FINANZIELLER MINIMALISMUS

Schwimmbad, die Sauna und erkundigen Sie sich über Geräte, die Sie vielleicht bis jetzt noch nicht verwendet haben.

- Kaufen Sie kein Vitamin C, um Ihr Immunsystem zu stärken, da immer wieder bewiesen wurde, dass es nicht gegen Grippe oder Erkältungen schützt.

- Fangen Sie an, walken oder joggen zu gehen. Wenn Sie Anfänger sind, dann brauchen Sie kein Geld für teure Laufschuhe auszugeben. Wenn Sie sich ausstatten möchten, dann kommen Sie auch mit einem günstigeren Paar sehr weit. Walken und Joggen können ebenfalls eine gesellige oder meditative Aktivität sein.

- Die Wahrheit scheint wenig glamourös, aber manchmal sind die besten Entscheidungen bezüglich unserer Gesundheit eher nicht die aktiven Entscheidungen. Achten Sie darauf, Ihrer Gesundheit bewusst nicht zu schaden und Sie haben bereits die halbe Miete. Hören Sie auf, Alkohol zu trinken, zu rauchen oder Freizeitdrogen zu konsumieren, außer natürlich, es macht Sie außerordentlich glücklich.

- Fragen Sie immer nach, ob es auch eine generische Version eines Medikaments gibt.

- Schlafen Sie ausreichend und geben Sie Ihrem Körper die beste Abwehr gegen Stress und Krankheiten. Legen Sie ein absolutes Minimum fest und halten Sie sich auch daran.

- Wasser zu trinken ist nicht nur günstig oder kostenlos, sondern kann auch Ihre Lebensqualität verbessern.

- Gemüsesäfte sind perfekt, um genug Vitamine zu sich zu nehmen und manchmal sogar günstiger und bequemer als Gemüse zuzubereiten.

- Verwenden Sie keine Produkte, die für Diäten ausgewiesen sind. Für besondere Getränke, Müslis und Ähnliches gibt es fast immer eine Alternative. Herkömmliche Haferflocken sind spottbillig und viel besser für den Körper als Diät-Haferflocken.

- Trinken Sie Tee anstelle von Kaffee und nehmen Sie eine Thermoskanne mit in die Arbeit. Tee kostet nur einen Bruchteil von dem, was Kaffee kostet, ist gesünder und in vielen verschiedenen Variationen erhältlich.

- Bauen Sie tägliche Aktivitäten ein, die Sie dazu anregen, indirekt zu trainieren. Gehen Sie mit dem Hund spazieren, spielen Sie mit den Kindern, tanzen Sie usw. Das Training im Fitnesscenter kann einem Training, das Spaß macht und unser Leben bereichert, nicht das Wasser reichen.

Zuhause

Ist Ihr Zuhause eine idyllische Ruheoase, in die Sie nach einem stressigen Tag zurückkehren, um Ihre Energie wieder aufzuladen? Oder ist es ein goldener Käfig, der ständig Ihre Aufmerksamkeit erfordert? Die besten Lösungen für Ihren Haushalt sind die, durch die Sie Zeit und Geld sparen und welche Ihrem Leben mehr Qualität geben, ganz gleich, ob Sie einen Störfaktor beseitigen oder Ihr Leben auf direktem Weg verschönern.

Sparen Sie Zeit

- Investieren Sie in Haushaltsgeräte, die Sie jeden Tag brauchen, wie beispielsweise eine Waschmaschine, Spülmaschine oder einen Schnellkochtopf. Verschenken oder verkaufen Sie alle Geräte, die Sie weniger als einmal pro Woche verwenden. Sie können das Geld dafür woanders sinnvoller einsetzen.

- Wenn Sie es sich leisten können, dann denken Sie über eine Haushaltshilfe nach. Das kann entweder jemand sein, der Ihre Wäsche in die Reinigung bringt oder sich einmal pro Monat um den Garten kümmert.

FINANZIELLER MINIMALISMUS

- Richten Sie ein Lastschriftverfahren für regelmäßige Zahlungen ein.
- Kaufen Sie online ein und lassen Sie sich Ihre gewöhnlichen Lebensmitteleinkäufe nach Hause liefern.

Geld sparen

Teilen Sie Kosten, indem Sie Fahrgemeinschaften bilden.

- Kaufen Sie Nahrungsmittel in großen Mengen im Großhandel ein und teilen Sie sie unter Familie und Freunden auf.
- Waschmittel ohne Markenzeichen sind normalerweise ziemlich effektiv und kosten weniger. Verwenden Sie besser noch natürliche Reinigungsmittel, wie weißen Essig, Natron, Bleiche usw.
- Stellen Sie sicher, dass Ihr Haus wetterbeständig ist, dichten Sie Risse in der Tür und an Fenstern ab, um Heizkosten zu sparen.
- Setzen Sie in Ihrem Garten nur Pflanzen ein, die wenig Wasser benötigen.
- Kaufen Sie keine Zeitschriften oder Zeitungen, es sei denn, Sie sind ein wahrer Sammler.
- Wenn Sie sich etwas Neues kaufen möchten, dann geben Sie sich eine verpflichtende Bedenkzeit. Für kleinere Anschaffungen wird eine Woche genügen, für größere sollten Sie sich einen Monat Zeit geben. Wenn Sie es nach der Bedenkzeit immer noch wollen, dann kaufen Sie es.
- Kaufen Sie E-Books oder leihen Sie sie in der Bücherei aus.
- Versuchen Sie, mehrere Autofahrten miteinander zu verbinden, um sicher zu gehen, dass Sie nicht unnötig herumfahren.
- Schalten Sie den Fernseher aus. Sie wären überrascht, wie viel Müll Sie kaufen, nur weil Sie ihn im Fernsehen gesehen haben.

- Kaufen Sie nur dann abgepacktes Essen, wenn die Zeit, die Sie zum Kleinschneiden usw. brauchen, mehr wert ist.
- Schalten Sie den Wasserboiler an und ab, je nachdem, ob Sie ihn brauchen oder nicht.
- Schalten Sie die Lichter aus, wenn sich niemand in einem Zimmer aufhält, verwenden Sie Kerzen, um eine gemütliche Atmosphäre zu schaffen.
- Kaufen Sie Energiesparlampen.
- Kaufen Sie Möbel online in Second-Hand-Läden. Wenn Sie eine halbe Stunde suchen, dann können Sie unter Umständen die Hälfte des Preises sparen.
- Die Welt wird immer digitaler. Wägen Sie genau ab, ob Sie Ihr komplettes Fernsehpaket brauchen.
- Veranstalten Sie einen Abend zum Kleidertausch und tauschen Sie Kleidung, die Sie nicht mehr wollen oder brauchen, mit Freunden aus.
- Fragen Sie den Metzger nach Fleischabschnitten, die Ihrem Hund schmecken könnten.

<u>Kinder</u>

Es ist nicht schön, es so auszudrücken, aber Kinder können ein echter Schwachpunkt sein, wenn es um die Finanzen geht. Es handelt sich dabei um das Gefühl, „nichts als das Beste" zu wollen, und der größte Wunsch aller Eltern ist es, ihren Kindern genau das bieten zu können. Leider hat sich die Werbung in die Köpfe der Eltern geschlichen, die es doch nur gut meinen, und hat sie davon überzeugt, dass ihre Kinder nicht richtig aufwachsen können, wenn man sie nicht mit materiellen Dingen überhäuft.

Genauso wie mit anderen Dingen, kann es auch hier ernüchternd sein, zu erkennen, was man den Kindern wirklich in diesem Leben weitergeben möchte. Materielle Dinge stehen auf der einen Seite, aber was die Kinder wirklich von ihren Eltern lernen, bedeutet den Kindern oft am meisten. Waren ihre Eltern erfüllte, würdevolle Menschen? Haben sie ihnen gezeigt, wie man gut durch das Leben kommt? Haben sie ihnen Fähigkeiten, ein starkes Selbstwertgefühl oder Erinnerungen gegeben, die sie für immer in Ehren halten werden?

Als Mutter oder Vater zu haushalten fühlt sich oft schrecklich an, weil man sich schuldig fühlt, seinen Kindern nicht genug bieten zu können. Ein einfacher Weg, um dem zu entgehen, ist, sich ständig darin zu üben, die eigenen Grundprinzipien zu überdenken. Die wirklich grundsätzlichen beinhalten keine materiellen Güter. Fragen Sie sich selbst, was jeder Gegenstand Ihren Kindern zeigen soll. Sie möchten Ihr Kind zum Beispiel in den Ferien in ein teures Trainingslager schicken, das Kinder dazu ermutigt, Freunde zu finden und kreativer zu sein. Bevor Sie sich schlecht fühlen, weil Sie diesen Urlaub nicht bezahlen können, sollten Sie sich fragen, was sein eigentlicher Wert ist. Wenn Sie Ihrem Kind beibringen wollen, kreativer zu sein und über den Tellerrand zu schauen, ist es doch am besten, wenn Sie selbst kreativ werden.

Maßnahmen, um Geld bei der Kindererziehung zu sparen

- Tauschen Sie bei jüngeren Kindern die Spielsachen aus. Lassen Sie Ihr Kind mit ein paar Dingen spielen und räumen Sie die restlichen weg. Kinder können sich nicht auf mehrere Dinge gleichzeitig konzentrieren. Wenn Ihr Kind von einem Spielzeug genug hat, dann tauschen Sie es aus und es wird das ausgetauschte Spielzeug wie ein neues behandeln. Tauschen Sie die Spielsachen ein paar Mal aus und Sie werden dadurch erreichen, dass sich Ihre Kinder mehr konzentrieren und alles und jeden schätzen.
- Wählen Sie Spielsachen aus, die kreatives Denken, die Vorstellungskraft und das Bauen fördern. Karten, Bälle und einfache Bastelsachen bieten endlose Möglichkeiten.

- Lesen Sie keine Ratgeber zur Kindererziehung. Bestenfalls bekommen Sie durch diese einige Ratschläge, wie Sie Ihr Kind nicht aus Versehen umbringen! Schlimmstenfalls werden Sie durch das Lesen dieser Bücher zu paranoiden Eltern.

- Ab fünf Jahren sollten Kinder etwas Verantwortung und ein paar Aufgaben im Haushalt übernehmen, da sie dadurch ein Gefühl für Zuständigkeit bekommen und eine Beschäftigung haben. Außerdem werden Sie dadurch ein bisschen entlastet.

- Bis zu einem bestimmten Alter ist es Kindern egal, was sie tragen oder wie ihr Zimmer aussieht.

- Wenn Sie einkaufen gehen, dann lassen Sie Ihre Kinder wenn möglich zu Hause. Dadurch können sie Sie nicht um Süßigkeiten anbetteln.

- Geben Sie Ihren Kindern nicht zu viel Auswahl, da es ihr Gehirn stresst.

<u>Schulden und Finanzen</u>

Es ist furchtbar, Schulden zu haben. Richtig mit Krediten umzugehen, ist eine Fähigkeit, die alle Erwachsenen, die ihre Finanzen clever regeln, beherrschen müssen. Gleichzeitig ist es jedoch auch nicht viel besser, weniger Schulden zu haben. Es gibt die offensichtlichen goldenen Regeln, was Kredite angeht, zum Beispiel sollte man nur dann einen Kredit aufnehmen, wenn man eine wirklich große Anschaffung tätigen will oder häufig Überstunden macht. Außerdem sollte man den teuersten Kredit immer zuerst zurückzahlen.

Schätzen Sie sich glücklich, wenn Sie haushalten, um lediglich Geld zu sparen oder weil Sie Ihren Lebensstil einfacher gestalten wollen. Einen Kredit zurückzuzahlen ist eine ganz andere Sache, die weitaus mehr Disziplin und Hingabe fordert. Glücklicherweise gibt es Mittel, die den Menschen helfen, ihre Schulden zu bewältigen.

FINANZIELLER MINIMALISMUS

Wenn Sie zu einem bestimmten Zeitpunkt das Gefühl haben, Ihre Schulden nicht mehr kontrollieren zu können, dann holen Sie sich umgehend professionelle Hilfe. Eine schwere Schuldenkrise zu lösen geht weit über dieses Buch hinaus. Jedoch bieten wir Ihnen trotzdem ein paar hilfreiche Tipps.

<u>Bekommen Sie Ihre Schulden in den Griff</u>

- Versuchen Sie, jeden Monat zu sparen, egal wie viel. Auch wenn Sie nur einen kleinen Betrag beiseitelegen können, tun Sie es. Sparen gibt Ihnen eine bestimmte Geisteshaltung. Erinnern Sie sich immer wieder daran, dass es sich lohnt, die eigenen Ziele eifrig zu verfolgen, egal, wie klein sie auch sein mögen.

- Tilgen Sie Ihre Hypothek oder Ihre Kreditkartenrückzahlung mit höheren Beträgen.

- Denken Sie darüber nach, Ihr Auto zu verkaufen. Sie können Kosten sparen, indem Sie Autos auf Auktionen oder von Gebrauchtwagenhändlern kaufen. Sie sollten sich nur dann ein neues Auto zulegen, wenn Sie die Kosten gleich halten möchten.

- Überprüfen Sie Ihre Versicherungsrechnungen jeden Monat, weil es fast immer versteckte Kosten und Extras gibt, die Sie noch nicht bemerkt haben.

- Warten Sie Ihr Auto regelmäßig. Es wird Ihnen nicht besonders auffallen, wenn Ihr Auto einwandfrei funktioniert, allerdings werden Sie bemerken, dass Sie mit einem gut gewarteten Auto weniger Geld für Kraftstoffe ausgeben müssen.

- Wenn Sie mit dem Flugzeug verreisen wollen, dann buchen Sie Ihren Flug so früh wie möglich. Dadurch können Sie Geld sparen, ohne aktiv daran zu arbeiten.

- Ziehen Sie in Erwägung, einen Kurs in Finanzbuchhaltung zu besuchen.

- Wechseln Sie zu einer Bank mit niedrigeren Gebühren. Vielleicht können Sie ja sogar einen Deal mit Ihrer Bank aushandeln.

- Versichern Sie sich, dass Sie alle Zuschüsse bekommen, die Ihnen zustehen.

- Wenn Sie dazu neigen, Ihre Kreditkarte zu überziehen, dann sollten Sie entweder auf eine verzichten oder sie zuhause für Notfälle verstecken.

- <u>Verschiedene Tipps und Tricks</u>

- Museen, Galerien und Zoos eignen sich perfekt für günstige Ausflüge.

- Besorgen Sie sich ein Sparschwein als sichtbare Erinnerung an Ihre Ersparnisse. Sie können diese dann verwenden, um sich etwas Besonderes zu gönnen.

- Laufen Sie, fahren Sie Fahrrad oder nehmen Sie den Zug, wann immer es möglich ist. Das dient gleichzeitig als gute Übung für Ihren Körper.

- Besuchen Sie die Bücherei in Ihrer Nähe. Heutzutage bieten Büchereien weitaus mehr als nur Bücher an.

- Kaufen Sie Weihnachts- und Geburtstagsgeschenke frühzeitig, um große Ausgaben auf einmal zu vermeiden.

- Gehen Sie was trinken, aber nur während der Happy Hour.

- Tragen Sie Frisuren, die nicht viel Pflege benötigen.

Schlusswort

Ich danke Ihnen, dass Sie sich die Zeit genommen haben, dieses Buch zu lesen. Ich hoffe, dass es Ihnen einen besseren Einblick in das minimalistische Haushalten gegeben hat.

Geld ist eine Ressource und zwar eine wichtige, aber sie ist nicht die einzige, an der Erfolg oder Effizienz gemessen wird. Sie können Ihr Leben verändern, ohne Geld zu sparen, indem Sie lernen, eine andere Sichtweise auf die Dinge, die Sie besitzen, zu entwickeln. Herkömmliches Haushalten bietet eine enge, ausschließlich mechanistische Sichtweise auf Geld. Sie wollen mehr Geld haben? Dann geben Sie weniger davon aus. Investieren Sie. Sparen Sie.

Für was wir unser Geld ausgeben, drückt aus, was unserer Meinung nach wichtig und wertvoll ist. Wie viel wären Sie bereit, für Seelenfrieden zu zahlen? Wie viel Zeit verbringen Sie auf der Arbeit und inwiefern spiegelt sich das in Ihrem Gehalt wieder?

Diese Fragen können tiefgründig erscheinen, aber Sie helfen uns zu verstehen, wie wir Geld verdienen, es ausgeben und welche Sichtweise wir auf das Geld haben. Wenn wir das verstanden haben, ist es nicht nur leichter für uns, hier und da Geld zu sparen, sondern macht unsere Bemühungen auch sinnvoller.

Ich hoffe sehr, dass Sie dieses Buch hilfreich und aufschlussreich fanden und wünsche Ihnen allen das Beste beim Entwickeln Ihres optimalen minimalistischen Haushaltsplans.

Geld sparen:

Wie Sie Geld sparen, mit einem begrenzten Budget auskommen und stressfrei leben können. Ihr Fahrplan in die finanzielle Unabhängigkeit

Nina Jacobi

Inhaltsverzeichnis

Einleitung 45
Kapitel 1: Einen Fahrplan erstellen 47
Kapitel 2: Das Budget festlegen 51
Kapitel 3: Die Ausgaben unter Kontrolle bringen 55
Kapitel 4: Den Kosten die Zügel anlegen 60
Kapitel 5: Eine Notfallreserve aufbauen 65
Kapitel 6: Schulden auf der Kreditkarte reduzieren 69
Kapitel 7: Anfangen zu sparen 73
Kapitel 8: Immobilien kaufen 78
Kapitel 9: Erste Investitionen tätigen 83
Kapitel 10: Passives Einkommen aufbauen 88
Zusammenfassung 93

Einleitung

Herzlichen Glückwunsch zum Download von *„Geld sparen: Wie Sie Geld sparen, mit einem begrenzten Budget auskommen und stressfrei leben können. Ihr Fahrplan in die finanzielle Unabhängigkeit"* und herzlichen Dank.

In einer Welt, in der mehr als 60 Prozent aller Erwachsenen im erwerbsfähigen Alter sind und sich von Gehaltsscheck zu Gehaltsscheck hangeln, dürfen Sie sich für die Entscheidung, sich aus diesem negativen Zyklus zu befreien, selbst auf die Schulter klopfen.

Leider ist die Entscheidung, Ihre Gewohnheiten zu ändern, der einfachste Teil des tatsächlichen Wandlungsprozesses. Daher stellen wir Ihnen im Rahmen der folgenden Kapitel alle notwendigen Werkzeuge zur Verwirklichung Ihrer finanziellen Unabhängigkeit zur Verfügung. Zuerst werden Sie lernen, wie wichtig es ist, einen Plan für Ihre finanzielle Zukunft zu machen. Damit erhöhen Sie einerseits Ihre Chancen, das Vorhaben auch wirklich in die Tat umzusetzen und schaffen andererseits einen Fixpunkt, auf den Sie Ihre Energien konzentrieren können. Anschließend werden Sie lernen, ein Budget festzulegen, mit dem Sie die Kontrolle über Ihre Ausgaben übernehmen und Ihre Kosten in Schach halten können. Diese drei Schritte zusammen bilden die erste Phase Ihres Weges hin zu einer besseren finanziellen Zukunft.

Von hier aus werden Sie lernen, selbständig in Aktion zu treten, wenn es darum geht, Verantwortung für Ihre Finanzen zu übernehmen und lernen, Geld für den Notfall zurückzulegen. Sozusagen als Rückversicherung für etwaige Katastrophen. Anschließend werden Sie lernen, Ihre Kreditkarte so effizient wie möglich einzusetzen und mit Rückzahlungen zu verwalten. So versetzen Sie sich in die Lage, regelmäßig Geld zurücklegen zu können. Wenn Sie diesen Schritt geschafft haben, ist alles andere ein Kinderspiel – ab dann müssen Sie nur noch lernen, in Wohneigentum und andere Wertanlagen zu investieren und passive Einkommensströme zu kreieren.

Zu diesem Thema gibt es viele Bücher auf dem Markt. An dieser Stelle nochmals vielen Dank, dass Sie sich für dieses entschieden haben. Wir haben keine Mühe gescheut, um sicherzustellen, dass es so viele nützliche Informationen wie möglich enthält. Viel Erfolg!

Kapitel 1: Einen Fahrplan erstellen

Der erste Schritt zur Gewährleistung Ihrer langfristigen finanziellen Freiheit ist die Beschäftigung mit der Frage, was finanzielle Unabhängigkeit kurz- wie auch langfristig eigentlich für Sie bedeutet. Fangen Sie erst einmal damit an, sich vorzustellen, wie Ihre finanzielle Zukunft in 20 Jahren aussehen wird – und von da aus arbeiten Sie rückwärts. So können Sie herausfinden, wo Sie ansetzen müssen um den Prozess ins Rollen zu bringen. Zwar gibt es zweifellos verschiedene unvorhergesehene Ereignisse, die dazu führen, dass der Plan von Zeit zu Zeit geändert werden muss, mit einer allgemeinen Vorstellung davon, wo Sie anfangen müssen, wird Ihnen dabei helfen, Ihre finanzielle Situation so schnell und effektiv wie möglich in den Griff zu bekommen.

Setzen Sie sich Ziele

Um sicherzustellen, dass Sie effektiv planen können, sollten Sie damit anfangen, sich die richtigen Ziele zu setzen. So können Sie aktiv auf genau die Erfolge hinarbeiten, die Sie erreichen wollen. Der beste Weg hierzu ist die Definierung sogenannter SMART-Ziele. Anschließend können Sie sich Unterziele setzen, klarer definiert sind als die breitangelegten Primärziele.

S: SMART-Ziele sind spezifisch angelegt. Die besten Ziele sind diejenigen, die Sie in jeder Situation klar definieren können. Hier ist es wichtig, sowohl ein klares Scheitern vorab zu definieren, wie auch ein klares Erreichen der Ziellinie. Klar definierte Ziele lassen sich auch wesentlich leichter graphisch im Zeitverlauf darstellen, da die jeweiligen Unterziele klare Hinweise auf Zielerreichung oder Zielverfehlung geben können.

Wenn Sie sich für ein bestimmtes Ziel entscheiden, sollen sie sicherstellen, dass Sie eine möglichst klare Vorstellung von folgenden

Details haben. So können Sie sicherstellen, dass Sie ein Ziel gewählt haben, dass auch wirklich zu Ihren individuellen Bedürfnissen passt.

- Mit wem Sie arbeiten müssen, um das Ziel zu verwirklichen
- Was Sie benötigen werden, um mit der Verwirklichung des Zieles zu beginnen
- Wo Sie sich wenden müssen, um das Ziel erfolgreich zum Abschluss zu bringen
- Warum Sie sich in erster Linie für ein bestimmtes Ziel entschieden haben
- Wann das Ziel realistisch zum frühesten Zeitpunkt verwirklicht werden kann
- In welche Teilschritte Sie Ihr Gesamtziel unterteilen können

M: SMART-Ziele sind messbar. Wenn es darum geht, die Ziele die Sie für sich selbst setzen, festzulegen, ist es wichtig, dass das, was Sie wählen, auch einen gewissen Erfolg mit sich bringt. Nur wenn Sie verstehen, was falsch gelaufen ist, werden Sie auch in der Lage sein, Ihre Ziele entsprechend erreichbarer zu gestalten. Es gibt viele Szenarien, in denen es so scheint, als wären Sie auf einem guten Weg – aber in Wirklichkeit drehen sich nur in Ihrem Hamsterrad im Kreis. Das Festlegen realistischer Ziele wird verhindern, dass Sie sich in einer solchen Situation wiederfinden.

Der beste Weg, um Ihre Ziele messbar zu gestalten, ist es, einen allgemeinen Zeitplan festzulegen, und sich dann auch daran zu halten. Dieser Zeitplan muss nicht extrem präzise sein, Hauptsache ist, dass es allgemeine Fristen gibt, nach denen Sie sich richten können. So behalten Sie einen Überblick über Ihre Teilerfolge und können daraus immer wieder Motivation gewinnen. Solange, bis Sie Ihr großes Ziel erreicht haben.

FINANZIELLER MINIMALISMUS

A: SMART-Ziele sind erreichbar (attainable). Wenn es um die Festlegung eines sinnvollen langfristigen Zieles, ist es wichtig, eines auszuwählen, dass zwar einerseits weit hergeholt, andererseits aber dennoch erreichbar ist. Wenn Sie das Ziel zu niedrig stecken, wird die Erreichung dieses Ziels nicht sehr motivierend für Sie sein. Vor allem auch, weil es wahrscheinlich ist, dass Sie das Ziel früher oder später sowieso erreichen werden.

Der Trick hier ist, das Ziel so zu wählen, dass es zwar erreichbar ist, Sie aber trotzdem fleißig daran arbeiten müssen, je doch nicht so einfach, dass es keinen Sinn machen würde, Unterziele zu definieren. Es mag zwar etwas übertrieben sein, 20 Jahre im Voraus planen zu wollen, aber von einer 5-Jahres-Planung kann jeder profitieren. Wenn Sie sich ein Ziel setzen, das entweder zu hoch oder zu niedrig gesteckt ist, wird es Ihnen sehr viel schwerer fallen, nicht die Lust zu verlieren oder im Vorfeld schon aufzugeben.

R: SMART-Ziele sind relevant. Wenn es um die Festlegung der finanziellen Ziele für die Zukunft geht, ist es wichtig, dass Sie sich gezielt diejenigen als Erstes vornehmen, die die meisten relevanten Unterziele haben. So bekommen Sie Ihre finanzielle Situation am Ehesten in den Griff. Dann können Sie sich auf weitere Aspekte des Hauptziels konzentrieren, die Ihre derzeitige Situation positiv beeinflussen können. So wird es leichter für Sie, sich anschließend das nächstgrößere Ziel vorzunehmen. Diesen Prozess setzen Sie fort, bis Sie Ihr Ziel endgültig erreicht haben.

Darüber hinaus wird die Konzentration auf das Ziel, dass momentan den größten Einfluss auf Ihr Leben hat es einfacher für Sie machen, sich mental auf die Arbeit einzustellen, die Sie investieren werden müssen, um zu einem späteren Zeitpunkt auch die schwierigeren Probleme mit relativ geringer Anstrengung zu meistern.

T: SMART Ziele sind zeitnah (timely). Studien zeigen, dass Sie statistisch motivierter weiterarbeiten, wenn an die Fertigstellung einer komplizierten Aufgabe ein gewisses Zeitlimit gebunden ist. Um dies auszunutzen, müssen Sie sich für das Erreichen Ihres Hauptzieles selbst einen Zeitrahmen abstecken, innerhalb dessen Sie die Aufgaben abschließen wollen. Das Gleiche sollten Sie für die einzelnen Unterziele tun, die zur Erreichung des Hauptziels notwendig sind. Bei der Festsetzung des Zeitrahmens sollten Sie immer genug Zeit einplanen um eventuell auch Rückschläge wegstecken zu können. Allerdings sollten Sie den Zeitrahmen nicht so locker ansetzen, dass Sie sich für die Erreichung ewig Zeit lassen können. Letztendlich sollten Sie darauf abzielen, sich dazu zu zwingen, nur von der finanziellen Unabhängigkeit zu träumen – sondern einen realistischen Prozess in Gang zu bringen, der Sie letztendlich zur Erreichung dieses Ziels führen wird. Seien Sie aber nicht so streng mit sich selber, dass die Erreichung des Ziels durch die zu strikte Planung unerreichbar erscheint.

Während dies nicht bedeutet, dass Sie zu 100% akribisch genau sein müssen, so heißt es doch, dass Sie sich überlegen müssen, was für die Erreichung Ihrer Ziele notwendig ist. Setzen Sie sich Ziele, die im vorgegebenen Zeitrahmen realistisch erreichbar sind. Sollten Sie sich hier nämlich verschätzen, entstehen durch das Verfehlen der selbstgesteckten Ziele negative Assoziationen, die es Ihnen in der Zukunft erschweren werden, einen weiteren Versuch zu starten. Das gilt ganz besonders dann, wenn Sie sich zuvor nie selbst zu irgendetwas verpflichtet haben, was langfristig geplant werden musste und bei dem Einzelziele das Gelingen oder Scheitern eines großen Ziels mit beeinflusst. Daher sollten Sie sich schon bevor Sie sich an die Arbeit machen, gedanklich auf die anstehende Aufgabe einstimmen. So stellen Sie sicher, dass Sie auch wirklich langfristig am Ball bleiben können.

Kapitel 2: Das Budget festlegen

Sobald Sie wissen, was Ihre langfristigen Ziele sind, ist die Festlegung eines Budgets der erste Schritt um sicherzustellen, dass Sie diese auch in einem vernünftigen Zeitraum erreichen werden. So erzielen Sie langfristig auch Ihre finanzielle Unabhängigkeit. Das Wichtigste ist, Woche für Woche am Ball zu bleiben. Dann werden Sie Ihre Ziele nicht nur erreichen, sondern vielleicht sogar übertreffen.

Machen Sie sich bewusst, wie Ihre Ausgangslage aussieht. Und dazu müssen Sie erst einmal alle Ihre finanziellen Unterlagen durchforsten (einschließlich Ihrer Kontoauszüge und Gehaltszettel). Daran können Sie ersehen, wieviel Einkommen Sie jede Woche erzielen und wieviel bereits auf Ihrem Giro- oder Sparkonto herumliegt. Machen Sie sich nicht zu große Sorgen, wenn Ihre Ersparnisse niedriger sind als Sie sich das vorgestellt haben. Statistiken gehen davon aus, dass 60% der Menschen von Zahltag zu Zahltag leben.

Wenn Sie monatlich kein gleichbleibendes Einkommen verdienen, sondern eine Arbeit verrichten, mit der Sie von Zeit zu Zeit größere Geldsummen einnehmen, so gibt Ihnen ein Blick auf Ihre Einnahmen in den letzten zwölf Monaten eine Vorstellung davon, wieviel Geld Sie durchschnittlich zur Verfügung haben. Und von hier aus können Sie mit der Arbeit beginnen. Wenn Sie nicht ganz sicher sind, sollten Sie Ihre Schätzungen lieber etwas niedriger ansetzen. Wenn Sie alles entsprechend in Ordnung gebracht haben, werden Sie von den Ergebnissen positiv überrascht sein – und nicht enttäuscht.

Bestimmen Sie, Ihren Ausgangspunkt: Der beste Weg, um zu bestimmen, wie viel Sie jeden Monat benötigen, ist es, alle Rechnungen danach zu sortieren, welche Kosten Ihr direktes Überleben sichern. Dazu gehören Miete, Versorgungsunternehmen, Nahrung und Transportmittel. Zählen Sie im nächsten Schritt alle diese Kosten zusammen.

Wenn Sie keine Aufstellung Ihrere Ausgaben für Lebensmittel und Transportkosten zur Hand haben, so nehmen Sie sich eine Woche Zeit und schreiben Sie Ihre täglichen Kosten auf. Daraus können Sie dann einen Durchschnittswert für einen Monat bestimmen (hier sollten Sie 10% für Extraausgaben zuschlagen). Wenn Sie sonst noch Rechnungen haben sollten, die sich regelmäßig jeden Monat wiederholen, nehmen Sie diese in die Gruppe mit auf.

Mit Ihren wirklich wichtigen Rechnungen aus dem Weg, etwas, das Sie mit links schaffen werden, sind als nächstes die unbezahlten Rechnungen an der Reihe, die nichts mit Ihrem Haus oder Auto zu tun haben, oder Nebenkosten wie Unterhaltung und Freizeit betreffen. Hierzu zählen auch legale Genussgifte wie Koffein und Nikotin. Abhängig davon, wie groß das finanzielle Loch ausfällt, dass Sie zu Beginn dieser Übung festgestellt haben, müssen Sie eventuell bereit sein, Ihre Ausgaben für Zigaretten, Vaping oder Koffein entsprechend zu reduzieren um sicherzustellen, dass Sie Ihre Ausgaben auch am Monatsende unter Kontrolle haben. Was Sie auf jeden Fall vermeiden sollten, ist es, irgendwann in der Zukunft Einsparungen an anderer Stelle vorzunehmen nur um diese Laster finanzieren zu können.

Das Aufsplittern Ihrer Finanzen in dieser Art und Weise wird es Ihnen nicht nur ermöglichen, festzustellen, was Sie monatlich an Zahlungen leisten können, sie bekommen auch einen Überblick darüber, was woran Sie aktiv arbeiten können, um Ihre Schulden langfristig auf Null zu reduzieren. In Zukunft werden Sie diese beiden Elemente Ihrer Finanzplanung getrennt voneinander behandeln – daher macht es Sinn, gleich am Anfang zu trennen.

Den IST-Zustand ermitteln: Sobald Sie sich einen Überblick darüber verschafft haben, wieviel Sie jeden Monat ausgeben und wieviel Sie einnehmen, werden Sie ein klares Bild davon erhalten, wie Sie finanziell dastehen. Auch wenn es eventuell nicht einfach wird, sich den Tatsachen zu stellen, so ist es doch besser, einen klaren Blick auf die Tatsachen zu werfen anstatt weiter in die falsche Richtung zu treiben. Unschuld ist zwar ein liebenswerter Charakterzug, aber er wirkt sich nicht unbedingt positiv auf Ihre Finanzen aus. Wenn Sie diesen Prozess starten, ist es normal, wenn nicht sogar ein sehr guter Ansatzpunkt, wenn Sie Schulden haben. Das Wichtigste ist, dass Sie nicht in Panik ausbrechen – legen Sie sich stattdessen lieber richtig ins Zeug und machen Sie sich daran, Ihre Finanzen so schnell wie möglich in den Griff zu bekommen.

Suchen Sie sich eine Buchhaltungssoftware aus und füttern Sie sie mit den entsprechenden Informationen: Das mag zwar wie ein unnötiger Schritt erscheinen, besonders, wenn Sie nicht besonders viele Rechnungen haben, aber Tatsache ist, dass die meisten Menschen, besonders am Anfang, nicht das notwendige Durchhaltevermögen haben werden, um sich am Ende eines jeden Tages hinzusetzen und alles der Reihe nach auf Papier zu bringen. Das ist deswegen etwas unglücklich, weil in dem Moment, in dem Sie aufhören, alles bis ins Detail aufzuschreiben, der Blick auf die Realität verschwimmt – und damit die Übung an sich unbrauchbar wird. Tun Sie sich einen Gefallen und ersparen Sie sich den Ärger, nochmal ganz von vorne anzufangen. Besorgen Sie sich lieber eine verlässliche und gut entwickelte Software und gewöhnen Sie sich an, diese regelmäßig zu nutzen.

Als nächstes nehmen Sie das Budget in Angriff: Wenn es Ihnen so geht wie den meisten Menschen, so wird Ihnen bei Ihrem ersten Budget wahrscheinlich auffallen, dass Ihre Finanzen wirklich nicht unerheblich Schlagseite haben – und Sie werden sich fragen, wie Sie sich so lange über Wasser halten konnten. Darüber hinaus stehen die Chancen nicht schlecht, dass allein schon die Tatsache, dass Sie Ihre Zahlen in eine Buchhaltungssoftware eingegeben haben, ausgereicht hat, um bestimmte Problembereiche ins Licht zu bringen. Egal was Sie hier aufdecken, das Ziel an dieser Stelle ist es, ein Budget zu entwickeln, mit dem Sie gut innerhalb Ihrer finanziellen Grenzen leben können, ohne weitere Schulden machen zu müssen. Im Idealfall werden Sie sogar in der Lage sein, etwas zurücklegen zu können, mit dem Sie im Laufe der Zeit auch Ihre Altschulden werden reduzieren können.

Je nachdem. was sich bei der Budgetierung Ihrer Einnahmen und Ausgaben ergibt, ist es durchaus möglich, dass Sie bereits jetzt die ersten Änderungen an Ihrem Lebensstil werden vornehmen müssen, um Ihre Finanzen langfristig in ruhigere Gewässer schippern zu können. Auch wenn es zweifellos schwierig werden dürfte, Ihren Lebensstil, Aktivitäten und Dinge aufzugeben, an die Sie sich gewöhnt haben, so müssen Sie sich doch der Tatsache stellen, dass ihre derzeitigen Ausgaben nicht haltbar sind und Sie maßgeblich in die finanzielle Lage gebracht haben, in der Sie sich momentan befinden. Denken Sie daran, dass es im Moment nichts Besseres gibt, als in Zukunft finanziell unabhängig zu sein und sich keine Sorgen mehr machen zu müssen. Und genau daran müssen Sie sich immer selbst erinnern, wenn Sie mit dem Umerziehungsprozess vorwärtskommen wollen.

Wenn Sie Probleme damit haben, alle Ihre Gewohnheiten auf einmal aufzugeben oder zu ändern, gewöhnen Sie sich einzelne Dinge am besten langsam ab. Das kann unter der Voraussetzung funktionieren, dass Sie nicht bereits in wirklich großen finanziellen Schwierigkeiten sind. Seine Gewohnheiten langsam aber langfristig zu ändern, ist wichtiger als seine Ausgaben kurzfristig deswegen zu senken, weil man vielleicht auf ein einzelnes wirklich teueres Stück verzichtet. Solange Sie Ihre neuen Gewohnheiten langfristig beibehalten können, werden Sie froh sein, diesen ersten Schritt getan zu haben.

Gehen Sie bei Ihren Rücklagenlieber auf Nummer sicher. Wenn Sie auf dem langen und steilen Weg hin zur finanziellen Unabhängigkeit erst ganz am Anfang stehen, ist es wichtig, sich auch eine kleine Notfallreserve anzulegen. Weiterhin müssen Sie Ihre Schulden regelmäßig abbezahlen und regelmäßig auf ein Sparkonto einzahlen. Und zwar genau in der Reihenfolge. Denken Sie daran, das Ihr Budget ein realistisches Bild von Ihrer Finanzlage sein muss. Sobald die Aufstellung Ihre Aktualität verliert, ist sie so gut wie wertlos.

Kapitel 3: Die Ausgaben unter Kontrolle bringen

Sobald Sie Ihr Budget fertig ausgearbeitet haben, müssen Sie nur noch lernen, sich auch daran zu halten, egal, wie unschuldig die Verführung auch erscheinen mag. Die Realität lehrt uns, dass es durch die Nutzung von Plastikgeld für die Menschen sehr viel schwieriger geworden ist, ein realistisches Gefühl über seine Ausgaben zu behalten. Es gab einmal eine Zeit, da wäre es einem aufgefallen, hätte 80 € pro Woche für überteuerte Kaffeegetränke ausgegeben. Dann hatte man nämlich 80 € weniger im Portemonnaie gehabt und wäre in der Lage gewesen, seinen Umgang mit Geld entsprechend zu überdenken. Die virtuelle Natur des heutigen Geldverkehrs jedoch bedeutet, dass im Rahmen einer Transaktion, eigentlich nichts wirklich den Besitzer wechselt – und Sie sich am Monatsende wundern, warum Ihr Kontostand um so vieles niedriger ist, als er es eigentlich sein sollte. Die folgenden Tipps helfen Ihnen dabei, sich nicht nur ein Budget auszuarbeiten, sondern sich auch daran zu halten.

Bringen Sie Ihre virtuellen Transaktionen wieder in die reale Welt: In Zusammenhang mit den ständigen Verbesserungen im Bereich des elektronischen Zahlungsverkehrs haben Studien gezeigt, dass die Mehrheit der Menschen heutzutage keine Kaufbelege mehr aufheben, unter anderem auch, weil sie sich relative sicher sind, dass Sie den Gegenstand sowieso nicht zurückbringen werden. Dies ist zwar verständlich, weil alle Informationen auf elektronischem Weg zugänglich sind, aber mit dem Wegwerfen des Kassenbons vernichten Sie auch den letzten fassbaren Beweis, dass die Transaktion stattgefunden hat. Wenn Sie also Ihren Umgang mit dem Geld wieder in den Griff bekommen möchten, lassen Sie sich ab sofort für alle Einkäufe die Quittung oder den Kassenzettel aushändigen. Auf diese Weise werden Sie, anstatt sich über ihren fallenden Kontostand zu wundern, anhand des Quittungsstapels feststellen, dass sich etwas ändern muss – ohne zu sehr ins Detail gehen zu müssen.

Teilen Sie Ihr Geld zweckgebunden auf: Wenn Ihre Schwierigkeiten, Ihre Ausgaben unter Kontrolle zu bringen, so groß sind, dass es Sie daran hindert, Ihre Rechnungen regelmäßig zu bezahlen, kann es sinnvoll sein, ein zweites Bankkonto zu eröffnen, dass Sie nur dazu nutzen, regelmäßig anfallende Rechnungen zu bezahlen. Hier zahlen Sie dann regelmäßig gleich am Zahltag von Ihrem Monatslohn genug Geld ein, um Ihre laufenden Rechnungen abbuchen zu lassen. Wenn Sie nicht genug Selbstvertrauen haben, dass Sie dieses Geld nicht aus irgendwelchen Gründen für andere Zwecke verwenden könnten, grenzen Sie die Zugriffsmöglichkeiten darauf soweit ein, dass Sie weder eine Karte dafür besitzen, noch Geld davon abheben können. Wenn Sie über das darauf eingezahlte Geld nur soweit Zugriff haben, dass Sie Ihre monatlichen Rechnungen bezahlen können, werden Sie nicht in Versuchung kommen, das Geld für etwas Anderes zu verwenden.

Weiterhin sollten Sie sich ein traditionelles Sparkonto als Ergänzung zu Ihrem normalen Girokonto zulegen. Nachdem alle Rechnungen bezahlt sind, sollten Sie monatlich einen festen Betrag auf dieses Sparkonto einzahlen. Entweder als Notfallreserve, zur Schuldentilgung oder als gespartes Geld für Reparaturen. Alles, was danach übrigbleibt, kann auf Ihrem Girokonto bleiben. Das ist das einzige Konto, zu dem Sie jederzeit vollen Zugang haben sollten. Durch die Verknüpfung mit Ihrer Kontokarte und die Trennung der Konten haben Sie ab sofort jede Menge Zeit, sich genau zu überlegen, wann Sie Geld von welchem Konto abheben wollen.

Bleiben Sie dabei: Sobald Sie Ihre Konten einmal in dieser Weise aufgesplittert haben, ist es wichtig, dass Sie alles in Ihrer Macht Stehende tun, um sicherzustellen, dass Sie sich auch langfristig an das System halten werden. Die derartige Neugestaltung Ihrer Finanzen muss zu einer Angewohnheit für Sie werden. Daher ist es auch wichtig, dass sowohl Ein- als auch Auszahlungen ihres Kontos für Rechnungen automatisch erfolgen – und zwar genau in der Höhe, die Sie vorab bestimmt hatten. Und auch die Einzahlung auf Ihr Sparkonto sollten Sie automatisch abwickeln lassen, ebenfalls in vorab festgelegter Höhe. Als Letztes müssen Sie noch sicherstellen, dass Sie zu jeder Zeit Zugriff auf Ihr Girokonto haben. Nur so können Sie garantieren, dass Sie sich auch jederzeit innerhalb Ihres festgelegten Budgets bewegen werden – und somit weniger (finanziellen Schaden) anrichten können bevor Sie wieder zur Vernunft gekommen sind.

Und zum Schluss ist es noch wichtig, dass Sie jedes Ihrer Konten so einrichten, dass jede Transaktion, bei der mehr Geld benötigt wird, als sich auf dem Konto befindet, automatisch abgebrochen wird. So gehen Sie automatisch auch teuren Überziehungsgebühren und Überschuldung aus dem Weg. Und wenn Einzugsermächtigungen einmal platzen sollten, erinnert Sie das nicht nur daran, etwas vorsichtiger zu sein, um horrende Gebühren zu sparen, Sie bekommen mit der Zeit auch wieder ein etwas realistischeres Verhältnis zu dem Geld auf Ihrem Konto. Das verdeutlicht nämlich das Verhältnis zwischen Geld – Waren – und Dienstleistungen auf sehr einprägsame Weise. Fehlt das Eine, bekommt man auch das Andere nicht.

Wenn beim ersten Mal eine Einzugsermächtigung nicht funktioniert, ist Ihnen das sehr wahrscheinlich peinlich, wahrscheinlich werden Sie das Ganze einfach nur vergessen und so weitermachen wollen, wie bisher. Aber wenn Sie die gleiche Strategie verwenden wie bisher, wird sich nichts ändern und Sie werden den gleichen Fehler immer wieder machen. Ändern Sie aber Ihr Verhalten werden Sie sich unter Anderem angewöhnen, Ihr Bankkonto zu überprüfen, bevor Sie eine größere Zahlung durchführen – und Sie werden unbewusst anfangen, Ihr Geld so einzuteilen, dass Ihnen auch noch genug Geld für all die Dinge übrigbleibt, die Sie sich wünschen.

Arbeiten Sie daran, Ihre Denkmuster zu verändern: Wenn Sie wirklich langfristig finanziell unabhängig sein wollen, ist es sehr wichtig, dass Sie Ihre Denkmuster in Bezug auf Geld verändern. Dazu gehört auch, das Denken soweit hin zu verändern, dass Sie nicht das Gefühl haben, bei jedem nicht getätigten Kauf auf etwas verzichten zu müssen, sondern Sie eher stolz darauf sind, der Versuchung widerstanden zu haben. Es bedeutet nämlich, dass Sie sich entschieden haben, stattdessen Ihr langfristiges Ziel erfolgen.

Sein Denken in Bezug auf die Handlungen im täglichen Leben zu verändern, wird nicht nur dafür sorgen, dass Sie sich wieder stärker auf sich selbst verlassen können, Sie werden auch glücklicher und zufriedener werden. Und wenn Sie sich dann einmal ein neues Auto brauchen, können Sie sich zwar den neuesten Sportwagen aussuchen, Sie haben aber auch die Möglichkeit, ein etwas kleineres Modell zu nehmen und den gesparten Differenzbetrag zur Schuldentilgung nutzen oder es investieren. Das schickere Auto würde Sie zwar zweifellos glücklich machen, wenn Sie aber das Geld klug investieren, wird es Ihnen Jahr für Jahr ein Lächeln aufs Gesicht zaubern – auch noch lange nachdem Sie das Auto bereits wieder gegen ein neueres Modell eingetauscht haben. Trösten Sie sich mit dem Wissen, dass die Entscheidungen, die Sie jetzt treffen, in Zukunft Ihnen und Ihrer Familie zu Gute kommen werden.

Wenn Sie mit diesem letzten Schritt zu kämpfen haben, kann das daran liegen, dass Sie in Ihrem Denken am Ist-Zustand festhängen, anstatt sich auf Wachstum zu konzentrieren. Eine Denkweise, die sich gerne am Ist-Zustand aufhängt, entsteht oft bei Kindern, denen ständig gesagt wird, dass Sie etwas gut gemacht haben, weil sie ein einzigartiges Talent haben. Eine Denkweise, die sich am Wachstum orientiert, findet man oft bei Kindern, die wegen guter Noten in der Schule aufgrund Ihrer harten Arbeit gelobt wurden. Diejenigen, die eine festgefahrene Denkweise haben, stellen sich Herausforderungen bereits mit dem Gedanken daran, aufgeben zu wollen. Auch ist diesen Kindern ein kurzfristiger Zugewinn lieber, als die Aussicht auf langfristige Vorteile. Diejenigen, deren Denkweise sich am Wachstum orientiert, können dagegen gut in der Gegenwart auf etwas verzichten und sich in Zukunft auf das Erreichen eines größeren Ziels freuen. Wenn Sie mo-

FINANZIELLER MINIMALISMUS

mentan eine eher festgefahrene Denkweise haben, ist die beste Strategie, das zu ändern, die regelmäßige Übung. Mit der Zeit werden Sie positive Rückmeldung bekommen und werden in der Lage sein, Ihre Denkweise in Richtung Wachstum umzuprogrammieren.

Kapitel 4: Den Kosten die Zügel anlegen

Sollten Sie, trotz aller Bemühungen, immer noch Schwierigkeiten haben, mit Ihrem Geld die monatlich anfallenden Kosten zu decken, gibt es wahrscheinlich in Ihrer monatlichen Ausgabenliste jede Menge Möglichkeiten, Geld zu sparen. Sie müssen sie nur finden.

Essen Sie zu Hause anstatt im Restaurant: Der größte monatliche Kostenblock, für den die meisten Menschen regelmäßig mehr ausgeben als sie eigentlich sollten, sind regelmäßige Restaurantbesuche. Ein weiterer wichtiger Punkt ist aber auch die Art und Weise, wie sie Koffein konsumieren. Wenn man sich einmal ansieht, in welchen Kanal das meiste Geld versickert, ist Koffein einer der schlimmsten Übeltäter. Und es spielt eigentlich keine Rolle, ob das, was Sie trinken, 2€ oder 7€ kostet – die Gesamtsumme schließt schnell in die Höhe. Wenn wir jetzt einfach mal annehmen, dass sie sich verhalten wie der sogenannte „Durchschnittsdeutsche", dann kann man erwarten, dass Sie mindestens 3 koffeinhaltige Getränke pro Tag zu sich nehmen. Und wenn jedes davon auch zum Beispiel „nur" 3€ kostet, so läge eine niedrige Schätzung der monatlich im Coffee-Shop anfallenden Kosten bei ca. 200 € pro Monat. Kaufen Sie hier auf Vorrat, legen Sie sich einen Plan zurecht und sie werden schneller Resultate sehen, als Sie es für möglich halten.

Auch wenn Koffein hier einer der größten Geldfresser ist, so liegen die regulären Gewinnspannen bei Fastfood dennoch bei durchschnittlich 200%. An dieser Stelle müssen Sie zwar etwas starker im Vorfeld planen, aber 20€ mehr bei Ihrem wöchentlichen Lebensmitteleinkauf können hier wahre Wunder bewirken. Dafür bekommen Sie in etwa 3 – 4 Mal so viele Lebensmittel als wenn Sie die gleiche Menge an Geld im Restaurant ausgeben. So sparen Sie nicht nur direkt Geld, sie können damit auch alte Gewohnheitsmuster ändern, und es sich in Zukunft noch leichter machen, an verschiedenen Stellen Geld zu sparen. Sobald Sie sich einmal angewöhnt haben, regelmäßig selbst zu kochen, werden Sie feststellen, dass Sie noch mehr Geld sparen können, wenn Sie einmal in der Woche größere Mengen vorkochen. Mit der richtigen Planung können Sie ohne zu viel Aufwand ganz einfach für 3 bis 4 Mahlzeiten vorkochen. Sie müssen nur gewillt sein, öfter das Gleiche zu essen.

Achten Sie darauf, beim Pendeln nicht zu viel zu bezahlen: Viele Menschen wohnen zu weit von Ihrem Arbeitsplatz weg, um eine realistische Chance zu haben, zu Ihrem Arbeitsplatz laufen oder mit dem Rad fahren zu können. Allerdings dauert es aber für jemanden, der gut durchtrainiert ist, genauso lange, 10 km mit dem Rad zurückzulegen als mit einem überfüllten Bus oder einer Regionalbahn. Und nicht nur das, auf diese Weise sind Sie körperlich jede Woche lange genug aktiv um sich das Fitness-Studio ersparen zu können. Und das wiederum spart ebenfalls Kosten. Den Bus oder den Zug mit dem Rad zu ersetzen, kann Ihnen schnell zusätzlich 100 € im Monat ersparen. Wenn Sie normalerweise mit dem Auto oder dem Taxi zur Arbeit fahren, sind die Einsparungsmöglichkeiten sogar noch höher.

Und wenn es trotzdem unumgänglich ist, mit dem Auto zur Arbeit zu fahren, sollten Sie sich bemühen, Ihre Kosten so gering wie möglich zu halten. Das Wichtigste ist, Ihre Fahrweise möglichst sanft und spritschonend zu gestalten. Nutzen Sie dazu so oft wie möglich die Autobahn und versuchen Sie, Ihre Zeitplanung so zu verändern, dass Sie so wenig Zeit wie möglich im Stau stehen. Wenn sie sich regelmäßig daran halten, können Sie im Jahr bis zu 600 € sparen. Durch das Betanken Ihres Fahrzeugs mit dem richtigen Benzintyp können Sie nochmals bis zu 400 € sparen, weil Sie dadurch die Leistung Ihres Autos maximieren können. Und wenn wir schon mal beim Tanken sind. Suchen Sie sich in Ihrer Umgebung die günstigste Tankstelle heraus und nutzen Sie diese regelmäßig. Auch wenn Sie jedes Mal nur ein paar Cent einsparen – am Ende des Jahres summiert sich alles auf locker 500 €.

Wenn an Ihrem Arbeitsplatz Parkgebühren anfallen, nutzen Sie unbedingt die zur Verfügung stehenden Steuersparmodelle. Damit sparen Sie pro Jahr nochmal ca. 400 €. Aber zweifelsohne der beste Weg, hier Geld zu sparen, ist das Carpooling. Her kommen schnell Ersparnisse in Höhe von 3000 € zustande.

Mode aus zweiter Hand: Die Tatsache, dass der Großteil der sogenannten "Millennials" mitten in einer Rezession großgeworden ist, hat zur Folge, dass das Einkaufen im Second-Hand Laden nicht nur eine Möglichkeit ist, Geld zu sparen - es ist auch ein guter Weg, modisch immer auf dem neuesten Stand zu bleiben. Und Vintage-Klamotten waren noch nie so sehr in Mode als jetzt. Es ist durchaus möglich, dass Sie in einem Second-Hand-Laden ein Kleidungsstück für 5 € erstehen und es dann bei Ebay oder Etsy für 40 € wieder verkaufen können. Durch eine konstante Rotation des Inhalts Ihres Kleiderschranks bleiben Sie modisch auf dem Laufenden und sparen gleichzeitig Geld.

Denken Sie auch an Ihre Nebenkosten: Wenn man in ein neues Haus oder eine neue Wohnung einzieht, ist man oft geneigt, die genannten Nebenkosten einfach so zu akzeptieren und einfach so weiterzuleben ohne sich Gedanken über eventuelle Einsparmöglichkeiten zu machen, die sich realisieren lassen, wenn man nur etwas Zeit investiert. Auch wenn die großen Energieversorgungsunternehmen das oft nicht wahrhaben wollen so gibt es doch in jeder Stadt auch kleiner Konkurrenten, die Ihr Angebot auch gerne an die Kunden weitergeben. Im direkten Vergleich gibt es hier oft große Unterschiede und bei einer Entscheidung für einen kleineren Anbieter beträgt die Kostenersparnis in manchen Fällen bis zu 20%.

Und abgesehen von der Wahl des richtigen Anbieters können Sie auch bei einer Änderung Ihrer Nutzungsgewohnheiten einige lukrative Einsparmöglichkeiten nutzen Hier sollten Sie zu allererst auf ein programmierbares Thermostat umsteigen und es dazu nutzen, die Temperatur in den Zeiten, in denen Sie sowieso nicht zu Hause sind, etwas nach unten zu regulieren. Auf diese Weise werden Sie schätzungsweise im

FINANZIELLER MINIMALISMUS

Jahr ca. 200 € sparen können. Und dazu kommt noch Folgendes: Wenn Sie alle Elektrogeräte, die Sie im Moment nicht brauchen, konsequent ausstecken, sparen Sie bis zu weitere 100 € pro Jahr. Die Kaltwäsche Ihrer Kleidung und das anschließende Trocknen an der frischen Luft spart Ihnen weitere 150 €.

Nutzen Sie Eigenmarken: Die Qualität von Eigenmarken ist zwar nicht immer wirklich vergleichbar mit der Qualität der besten Marke, aber in den allermeisten Fällen enthalten Eigenmarken heute die exakt gleichen Produkte wie diejenigen Artikel, die für den doppelten oder dreifachen Preis verkauft werden. Um sich diesen Vorteil zu Nutze zu machen, müssen Sie nur nachprüfen, ob bei den billigeren Produkten wichtige Zutaten fehlen. Manchmal spart man sich dadurch zwar nur ein paar Cents, aber ab und an findet man durchaus Produkte, die wesentlich billiger sind und genau die gleichen Zutaten enthalten.

Nehmen Sie Ihre monatlichen Rechnungen unter die Lupe: Wenn Sie Mobilfunk- oder Fernsehverträge bereits seit einiger Zeit mit sich herumschleppen, ist es gut möglich, dass Sie an dieser Stelle mehr zahlen als nötig. Auch hier gibt es Alternativen zu den jetzt genutzten Anbietern – zu geringeren Kosten. Rufen Sie Ihre derzeitigen Anbieter an und lassen Sie sie wissen, dass Sie mit dem Gedanken an einen Wechsel spielen. Aus diesen Gesprächen ergeben sich oft für einige Monate, wenn nicht für immer Einsparmöglichkeiten. Die meisten Firmen haben für solche Fälle immer eine Art Notfallplan auf Lager.

Vermeiden Sie Situationen, in denen Sie sich Geld von Peter leihen um Paul zu bezahlen: Dadurch bekommen Sie nämlich leicht das Gefühl, so pleite zu sein, dass Sie die Zukunft beleihen müssen, um die Gegenwart finanziell stemmen zu können. Und selbst wenn Sie sich nur Geld von Ihrem eigenen Sparkonto leihen und es bei der nächsten Gehaltszahlung wieder zurücklegen, so bleibt es doch dabei, dass Sie einen Kredit auf die Zukunft aufnehmen, um die Gegenwart zu bezahlen – und dieser Plan wird nicht aufgehen, wenn Sie langfristige finanzielle Unabhängigkeit anstreben. Wenn es irgendetwas gibt, dass Sie gerne hätten, sich aber im Moment nicht leisten können, dann sollten Sie sich die notwendige Geduld aneignen und solange warten, bis Sie die komplette Kaufsumme beisammenhaben.

Kapitel 5: Eine Notfallreserve aufbauen

Wenn Sie langfristig genug Geld sparen wollen, um wirklich finanziell unabhängig zu sein, ist das Erste, worum Sie sich kümmern sollten nachdem Sie Ihre allgemeine Finanzlage im Griff haben, eine kleine Notfallreserve auf die Sie zurückgreifen können, wenn die Zeiten einmal etwas schwieriger sind. Auch wenn Sie das Gefühl haben sollten, dass Sie Ihr Geld besser dafür aufwenden sollten, Ihre Schulden zurückzuzahlen, besonders, wenn Sie schon lange kein Geld mehr übrighatten, das Sie zurücklegen hätten können, so wird diese Idee Sie wahrscheinlich doch wieder zurück auf den Weg in die Schuldenfalle führen. Und genau das wollen Sie ja vermeiden.

In der Realität kann es jederzeit zu einem Notfall kommen – und wenn Sie nicht mindestens 2000 € dafür in Reserve haben, dann kommt das einer Art Glücksspiel gegen Sie selber gleich bei dem Sie alles verlieren können, wofür Sie bereits gearbeitet haben. So gesehen, ist die Notfallreserve also eine Art Rückversicherung für Ihre Finanzplanung – und es ist sehr wichtig, sich diese anzulegen bevor Sie irgendetwas Anderes in Angriff nehmen. Es gibt verschiedene Wege, wie Sie sich dieses Geld so schnell wie möglich zurücklegen können. Halten Sie sich an die folgenden Ratschläge und Sie werden überrascht sein, wie schnell Sie sich auf ein finanzielles Ruhekissen legen können.

Setzen Sie sich ein Ziel, auf das Sie hin sparen: Es ist sehr wichtig, sich als Sparziel mindestens 2000 € vorzunehmen, wenn Sie anfangen, Ihre Notfallreserve aufzubauen – und weiterhin müssen Sie ein bestimmtes Ziel haben, auf das Sie hin sparen möchten. Ein Einfaches „Ich lege so viel zurück, wie ich kann" wird leider nicht reichen. Ein bestimmtes Ziel zu haben, wird Sie motivieren und Ihnen dabei helfen, genauer für sich festzulegen, wieviel von Ihrem Gehalt Sie monatlich zur Seite legen können und wie lange es realistisch betrachtet dauern wird, bis Sie die notwendige Summe beisammen haben um Ihr Ziel zu erreichen.

Wenn Sie Ihr Sparvorhaben eher entspannt angehen, wird es zwar etwas einfacher sein, etwas von der geplanten Sparsumme doch für andere Zwecke zu verwenden. Ihr Sparschwein wird zwar trotzdem dicker werden – es wird nur etwas länger dauern. Bei der Formulierung von Zielen, ist es immer das Beste, so spezifisch wie möglich zu sein. Je genauer Sie diese ausformulieren, desto einfacher wird es für Sie sein, sie in die Tat umzusetzen. Betrachten Sie Ihr Sparziel einfach als weitere "Rechnung", die Sie bezahlen müssen, sobald Sie Ihren Gehaltsscheck erhalten haben. Am einfachsten ist es, dafür einen Dauerauftrag einzurichten. Die Einzahlungen auf Ihre Sparkonto müssen so regelmäßig, weil möglich erfolgen, egal, was passiert. Und wenn Sie diese Ausgabe von Anfang an wie eine unumgängliche Tatsache behandeln, so wird Ihnen das Sparen mit der Zeit in Fleisch und Blut übergehen.

Zwischenziele formulieren: *Wenn Sie jeden Monat eine Geldsumme sparen wollen, die höher ist als alles, was Sie in der Vergangenheit regelmäßig erfolgreich zurücklegen konnten, dann kommt Ihnen das Ziel vielleicht unerreichbar vor.* Und die Tatsache, dass das Ziel fast unerreichbar erscheint, wird es Ihnen schwermachen, es auch wirklich zu erreichen – daher sollten Sie sich für die gesamte Wegstrecke Zwischenziele überlegen, die leichter erreichbar sind und mit denen Sie sich immer wieder selbst motivieren können.

Das Setzen von Zwischenzielen wird nicht nur das Erreichen des Gesamtzieles vereinfachen – das Erreichen der einzelnen Ziele wird auch das Gehirn dahingehend umprogrammieren, langfristige Pläne mit kurzfristigen Resultaten in Verbindung zu bringen. Und dadurch erscheinen im Umkehrschluss dann die einzelnen Meilensteine auch viel erreichbarer.

Legen Sie das Geld richtig an: Es ist wichtig, Ihre Notfallreserve auf einem Konto unterzubringen, das separat vom normalen Konto geführt wird. Dadurch entsteht nicht nur eine gewisse Form der mentalen Blockade, die es vereinfacht, dieses Geld nicht einfach so auszugeben, wenn Sie ein kartenloses Konto dafür anlegen, wird es für Sie wesentlich schwieriger werden, einfach so auf das Geld zuzugreifen. Eventuell könnte es sogar sinnvoll sein, das Geld gleich bei einer neuen Bank anzulegen. Erkundigen Sie sich einfach bei den einzelnen Banken in Ihrer Umgebung und suchen Sie sich diejenige aus, die für ein reines Sparkonto die besten Konditionen bietet.

Weiterhin sollten Sie bei der Planung berücksichtigen, dass er Ihre finanziellen Bedürfnisse reflektieren muss – und selbst mit 2000 € werden Sie wahrscheinlich nicht allzu weit kommen, wenn einmal eine größere Ausgabe anfallen sollte. Eventuell sollten Sie daher von Anfang an eine etwas größere Summe in Betracht ziehen. Mit diesen Überlegungen im Hinterkopf macht es vielleicht sogar Sinn, sich zu erkundigen, welche festverzinslichen Anlageoptionen mit begrenzter Laufzeit verfügbar sind. Bei einer Anlage über 6 Monate haben Sie hier wahrscheinlich bessere Anlagechancen.

Die richtige Verwendung: Eine Notfallreserve ist genau das, wonach es sich anhört: Extra Geld, das Sie zurückgelegt haben um größere Rechnungen begleichen zu können, die plötzlich aus dem Nichts auftauchen. Eine kaputte Boileranlage? Zahlen Sie sie aus Ihrer Notfallreserve. Das Auto braucht eine neue Einspritzanlage? Bingo. Das bedeutet jetzt nicht, dass jede kleine Rechnung von diesem Geld bezahlt werden soll – wenigstens nicht, wenn Sie dieses Konto langfristig wirklich ausbauen möchten. Eine gute Faustregel ist, wenn Sie bis zu Ihrer nächsten Gehaltszahlung durchhalten und dann alles auf einmal bezahlen können, so brauchen Sie Ihre Notfallreserve nicht angreifen. Und zuletzt müssen Sie darauf achten, das Geld das Sie herausgenommen haben, so bald wie möglich auch wieder auf das Konto zurückzulegen. Nur so können Sie sicher sein, auch beim nächsten Mal wieder genug Geld auf dem Konto zu haben.

Zeigen Sie Durchhaltevermögen: Es ist wichtig, sich einen realistischen Zeitrahmen für den Aufbau Ihrer Notfallreserve vorzunehmen – und sich dann eisern daran zu halten. Auch wenn Sie pro Woche nur

50 € zurücklegen können – im Monat sind das bereits 200 € und in 10 Monaten, wenn Sie eine ganze Menge Geld beisammenhaben, das wie ein Puffer zwischen Ihnen und einer möglichen Katastrophe steht, gibt es mit Sicherheit auf der ganzen Welt kein besseres Gefühl. Es spielt keine Rolle, wie Ihre persönlichen Ziele aussehen, Sie werden sie nie erreichen, wenn Sie die eigene Absicherung als Sprint betrachten. Sehen Sie sich lieber als Marathonläufer. Langsam aber beständig gewinnt auch hier das Rennen.

Betrachten Sie Ihre Notfallreserve als langfristige Anlage: Ihr kurzfristiges Ziel hier sollte zwar sein, ein finanzielles Polster zu schaffen, dass groß genug ist, um Sie daran zu hindern, wieder in negative Verhaltensmuster zu verfallen, wenn die nächste größere Ausgabe unerwartet auf Sie zukommt und Ihnen den Tag ruiniert, langfristig sollten Sie sich aber vornehmen, Ihre Notfallreserve so zu gestalten, dass Sie damit über eine Zeitspanne von 6 Monaten alle laufenden Kosten decken und damit eine derartige Zeitspanne überbrücken können. Diese Art von finanziellem Polster trennt hier die Spreu vom Weizen – damit können Sie sich nämlich im Grunde allen Herausforderungen stellen, die das Leben Ihnen entgegenwirft – und zwar in dem Wissen, dass alle Ihre Bedürfnisse zu jeder Zeit gedeckt sind.

Ein guter Zeitpunkt, um mit dem Aufbau eines Notfall-Fonds zu beginnen, ist dann, wenn Sie alle Ihre Finanzen durchleuchtet und in Ordnung gebracht haben. Idealerweise haben Sie zu diesem Zeitpunkt bereits Ihre ersten Investitionen getätigt. Das bedeutet auch, dass Sie zu diesem Zeitpunkt bereits gegen schwere, lebensverändernde Ereignisse wie schwere Verletzungen, Verlust des Arbeitsplatzes oder Naturgewalten abgesichert sind. Diese Art von Investitionen sollten so sicher wie möglich sein – gleichzeitig aber auch einen schnellstmöglichen Zugriff ermöglichen. Die Summe, die Sie an dieser Stelle zurücklegen, sollte hoch genug sein, damit es sich lohnt, sie in der Zwischenzeit für sich arbeiten zu lassen.

Kapitel 6: Schulden auf der Kreditkarte reduzieren

Sobald Sie den Grundstein für Ihre Notfallreserve gelegt haben, wird Ihr nächster Schritt sein, aktiv an der Reduzierung Ihrer Schulden zu arbeiten. Und zwar so schnell wie möglich. Studien haben gezeigt, dass der durchschnittliche amerikanische Haushalt mit ca. 15.000 € in der Kreide steht. Für alle die Anfang 30 oder sogar jünger sind, bedeutet das, dass die Schulden sie, wenn Sie nicht so bald wie möglich anfangen, sie zu reduzieren, wahrscheinlich sogar überleben werden. Lassen Sie nicht zu, dass die Fehler, die Sie in Ihrer Jugend gemacht haben, Ihre ganze Familie bis in die Zukunft hinein verfolgen werden. Sorgen Sie lieber dafür, die Schulden auf Ihrer Kreditkarte zu reduzieren, sobald Sie finanziell auch nur im Geringsten dazu in der Lage sind.

Verschaffen Sie sich einen guten Überblick: Als Erstes müssen Sie sich erst einmal alle Ihre Kredit- und Kontokarten durchsehen und sich einen Überblick darüber verschaffen, wie hoch die jeweils anfallenden Zinsen sind. Anschließend nehmen Sie sich die Karte vor, bei der Sie die höchsten Zinsen zahlen müssen und reduzieren hier als Erstes Ihre Schuldenhöhe zu reduzieren. Von da aus arbeiten Sie die Liste weiter ab. So können Sie sicherstellen, dass das Geld, dass Sie dafür investieren, Ihre Altlasten zu beseitigen, so gut wie möglich angelegt ist.

Bei diesem Arbeitsschritt sollten Sie so viel Energie wie möglich darauf verwenden, sich auf eine einzelne Kreditkarte zu konzentrieren – während sie bei allen anderen weiter die Minimalzahlungen leisten. Wenn Sie den Fehlbetrag auf der ersten Karte erfolgreich komplett ausgeglichen haben, benutzen Sie das dann übrigbleibende Geld dazu, den Fehlbetrag auf der zweiten Karte auszugleichen. So zahlen Sie dieses Geld sogar noch schneller zurück. Das gleiche machen Sie dann mit der dritten Karte auf Ihrer Liste und immer so weiter – bis Sie vollständig schuldenfrei sind.

Wenn die Zinssätze für alle Ihre Karten so ungefähr die gleiche Höhe haben, ist e seine gute Idee, bei der Rückzahlung mit der Karte zu beginnen, die den geringsten Minusbetrag aufweist und sich von dort aus weiter durchzuarbeiten. So reduzieren Sie systematisch nach und nach alle Zinszahlungen – und bringen sich von Karte zu Karte in eine bessere Ausgangsposition. Im Verlauf dieses Prozesses gewinnen Sie auch immer mehr Selbstvertrauen da Ihnen hier der Zusammenhang zwischen Ursache und Wirkung direkt vor Augen geführt wird. Und dadurch wird es dann leichter, auch in Zukunft bessere und positivere Entscheidungen treffen zu können.

Wenn Sie ein bestimmtes Ziel vor Augen haben, dessen Erreichen von einer bestimmten Kreditwürdigkeit abhängt, die sich momentan außerhalb Ihrer Reichweite befindet, dann sollten Sie überprüfen, welche Ihrer Karten Sie am Häufigsten benutzen. Den Fehlbetrag auf der Karte auszugleichen, auf der die Verschuldung im Verhältnis am Höchsten ist, wird im Hinblick auf ihre Kreditwürdigkeit den größtmöglichen positiven Effekt haben. Und dieses Verhältnis lässt sich ganz leicht bestimmen. Teilen Sie dazu einfach die Summe des geschuldeten Geldes durch das das bestehende Kreditlimit. Als Faustregel können Sie sich her merken, dass, je niedriger dieser Quotient ausfällt, desto besser Ihre Kreditwürdigkeit. Im Umkehrschluss bedeutet das, dass Sie zwar eine Reihe von Kreditkarten haben, sie aber so selten wie möglich benutzen sollten. Dadurch verbessert sich nicht nur Ihre Kreditwürdigkeit, sondern spart mittelfristig sogar noch Geld. Forschungen haben nämlich gezeigt, dass diejenigen, die viel auf Kredit kaufen auch automatisch starker in die Gefahr geraten, bei jedem Einkauf zweimal so viel auszugeben.

Versuchen Sie zu handeln: Wenn Sie Ihren Kreditkartenanbieter anrufen würden nur um die erstbeste Person zu fragen, ob irgendjemand dort etwas tun kann um Ihren Kontostand zu verbessern, würde Ihnen die Antwort wahrscheinlich nicht gefallen. Das ist die erste Ver-

FINANZIELLER MINIMALISMUS

teidigungslinie dieser Firmen. Das Reduzieren der Schuldenhöhe in Zusammenarbeit mit dem Kreditgeber ist kein einfacher Prozess. Sie werden dafür mit vielen verschiedenen Menschen sprechen und wahrscheinlich auch bereit sein müssen, Rückschläge einzustecken, da die Anbieter unter Anderem versuchen werden, Ihnen Angst einzujagen um Sie dazu zu bewegen, die komplette Summe auf einmal zu begleichen.

Unter ungesicherten Krediten versteht man alle geliehenen Geldsummen, die nicht durch Sachwerte abgesichert sind. Normalerweise sind sowohl Wohn- als auch Autokredite ausreichend abgesichert. Kreditkarten aber sind nicht durch Sachwerte abgesichert – und das bedeutet auch, dass die Kreditsummen hier erstaunlicherweise sehr flexible gehandhabt werden können.

Richtig einsteigen: Bei Ihrer Suche nach einem geeigneten Ansprechpartner bei Ihrem Kreditinstitut sollten Sie versuchen, jemanden zu finden, der in der Hierarchie möglichst weit oben steht. Und wenn Ihr Ansprechpartner nicht gleich mitspielen will, hängen Sie einfach auf und rufen Sie später nochmal an. Denken Sie daran, dass Sie, solange die Kreditsumme nicht abgesichert ist, die bessere Verhandlungsposition besitzen. Die Zugriffsmöglichkeiten des Kreditgebers sind ebenfalls begrenzt. Egal was Ihnen der Mitarbeiter des Kreditinstitutes erzählt, es gibt bzgl. der Eintreibung von Schulden ganz klar vorgegebene Regeln. Viele Arten von Schulden haben auch eine begrenzte Gültigkeitsdauer. Und das bedeutet auch, dass viele Schulden irgendwann einfach "ablaufen" – man muss nur lange genug warten.

Auch wenn es wegen der langfristigen Auswirkungen auf Ihr Credit-Rating nicht empfehlenswert ist, so können Sie dennoch bei einer Schuldenhöhe von unter 10.000 € und der Bereitschaft, einfach mal die Füße stillzuhalten, einfach abwarten bis sich das Problem am Ende sozusagen "von selbst erledigt". Bei Studienkrediten von großen Banken wird das aber nicht funktionieren. Obwohl auch diese nicht abgesichert sind, sind diese wesentlich schwieriger loszuwerden.

Erklären Sie Ihre Situation: Wenn Sie endlich jemanden gefunden haben, der Ihnen zuhört und bereit ist, sich auf einen Handel einzulassen, sollten Sie als erstes klarstellen, dass Sie den Offenbarungseid werden ablegen müssen, wenn es nicht in naher Zukunft irgendein Übereinkommen gibt. Es spielt keine Rolle, inwiefern diese Aussage der Wahrheit entspricht, es ist nur wichtig, Ihren Verhandlungspartner darüber zu informieren, dass diese Möglichkeit besteht.

Egal auf welche Summe Sie sich letztendlich einigen, es wird auf jeden Fall größer sein als die Summe, die die Firma bei einer Zwangsvollstreckung erhalten würde. Und genau aus diesem Grund haben Sie einen wichtigen Grund, eine Übereinkunft zu finden, mit der beide Parteien leben können.

Seien Sie zum Bezahlen bereit: Wenn Sie darauf bauen, mit Ihren Kreditgebern einen Handel abschließen zu können, müssen Sie dafür sorgen, dass sie die dafür notwendige Summe so schnell wie möglich zur Hand haben. Sie können die Gesamtsumme zwar eventuell in zwei oder drei Teilzahlungen aufteilen, aber es ist wichtig, dem Geldinstitut genug zu geben, um Sie bis auf Weiteres zufriedenzustellen. Wenn Sie nicht genug Geld zur Hand haben sollten, ist es ratsam, das Gespräch mit einem Verantwortlichen etwas zu verschieben. Eventuell bekommen Sie nämlich nur einmal die Möglichkeit, eine derartige Übereinkunft treffen zu können. Bleiben Sie hart und lassen Sie sich nicht ins Bockshorn jagen – dann werden Sie über kurz oder lang Ihr Ziel erreichen.

Für Ihre erste Zahlung werden Sie etwas Zeit haben – als Zeichen Ihres guten Willens sollten Sie aber wenigstens 20% der Gesamtsumme zur sofortigen Zahlung zur Hand haben. Wenn Sie keine 20% der Gesamtsumme aufbringen können, müssen Sie die Wahrscheinlichkeit einer Privat-Insolvenz noch starker in Betracht ziehen. Wenn alle Parteien zu einer zufriedenstellenden Übereinkunft gelangen können und sich der Geldgeber darauf einlässt, so entsteht für alle Beteiligten eine Win-Win-Situation.

Kapitel 7: Anfangen zu sparen

Sobald Sie damit angefangen haben, sich eine vernünftige Notfallreserve anzulegen und Erfolg damit hatten, die Schuldensumme auf Ihrer Kreditkarte unter Kontrolle zu bringen, müssen Sie als Nächstes damit anfangen, sich Gedanken über einen vernünftigen Sparplan zu machen. Je früher Sie damit anfangen, sich ernsthaft über Ihr Sparverhalten Gedanken zu machen, je einfacher wird es für Sie werden, die Zukunft zu planen. Das liegt daran, dass sie dann die meiste Zeit zur Verfügung haben bevor aus der Zukunft die Gegenwart wird. Und es bedeutet auch, regelmäßig kleinere Beträge zur Seite zu legen. Dadurch bleibt der Prozess überschaubar und einfach einzuhalten – solange, bis Sie die selbstgesteckten Ziele erreicht haben. Um sicherzugehen, dass Ihr Sparverhalten langfristig so erfolgreich wie möglich verläuft, werfen Sie einen Blick auf die folgenden Tipps und setzen Sie dies bei Ihren Finanzen um. Je früher, desto besser.

Setzen Sie sich ein klares Ziel: Zwar läuft regelmäßiges Sparen im Laufe der Zeit automatisch ab, am Anfang kann es aber sehr schwierig sein, sich regelmäßig daran zu halten. Ein klares Ziel vor Augen zu haben, vereinfacht diesen Prozess von Anfang an. Überlegen Sie sich also genau, was Sie mit diesem Geld in der Zukunft machen möchten. Es ist nicht wichtig, ob Sie für Ihr Eigenheim sparen oder die Kinder mit diesem Geld zum Studieren schicken möchten. Nur wenn Sie ein klares Ziel vor Augen haben, werden Sie es auf effiziente Art und Weise umsetzen können.

Wie zuvor schon erwähnt, ist ein gut formuliertes Ziel immer so genau wie möglich. Weiterhin sollte es messbar und nachvollziehbar sein. Daran können Sie nämlich festmachen, ob Sie auf dem richtigen Weg sind, Ihr Ziel zu erreichen oder nicht. Wenn Sie ein messbares Ziel vor Augen haben, wird es für Sie einfacher, sich diesem Ziel solange zu verschreiben bis Sie es erreicht haben. Und dieses Ziel wird Sie auf dem richtigen Weg halten und Ihnen beweisen, dass es durchaus möglich ist, gewisse Dinge innerhalb eines vorab festgelegten Zeitrahmens auch wirklich zu erreichen. Auch wenn Sie das Gefühl haben sollten, sich ein unerreichbares Ziel gesteckt zu haben, es wird Sie motivieren, noch härter zu arbeiten und besser zu werden. Die Tatsache, dass Sie Ihre Ziele erreichen wird dazu führen, dass Sie langfristig positive Denkmuster entwickeln – die Ihnen dann dabei helfen, in Zukunft noch größere Ziele zu erreichen.

Stellen Sie Ihr Sparverhalten in den Vordergrund: Viele Menschen haben Schwierigkeiten damit, Ihre Sparziele zu verfolgen, weil Sie das Gefühl haben, dann auf irgendetwas verzichten zu müssen. Dieser Gedanke kommt von einer Denkstruktur, die kurzfristigen Gewinn über langfristige Zielerreichung stellt – und hängt mit etwas zusammen, dass wir „festgefahrenes Denken" nennen. Als Kinder wurden Menschen mit einem festgefahrenen Denken so erzogen, zu glauben, dass jeder Mensch nur bestimmte Talente hat, die besonders ausgeprägt sind – und der Glaube daran führt dazu, dass sie sich vor Herausforderungen fürchten, die nicht mit den Mitteln zu erreichen sind, die ihnen gerade zur Verfügung stehen. Zusätzlich dazu haben sie gelernt, kurzfristiges Glück höher zu bewerten anstatt es langfristigen Zielen zu opfern – sie haben es nämlich nie gelernt, so lange am Ball zu bleiben, bis Sie sich den gewünschten Erfolg erarbeitet haben.

Wenn Sie auf der anderen Seite eine Denkstruktur entwickeln möchten, mit der Sie kurzfristige Bedürfnisse einfacher zur Seite legen können um sich auf langfristigen Erfolg zu konzentrieren, dann müssen Sie eine Denkstruktur entwickeln, die wir unter dem Begriff „Wachstumsdenken" kennen. Dieses Wachstumsdenken kommt von dem Glauben daran, dass nur harte Arbeit und Hingabe langfristig zum Erfolg führen können – und dieser Gedanke geht Hand in Hand mit einem erfolgreichen Sparverhalten. Sie können damit anfangen, Ihr Denkmuster in Richtung Wachstum umzuprogrammieren, indem Sie jede Woche eine kleine Menge Geld zur Seite legen – mit der Zielsetzung, sich von dem Geld einen kleinen Wunsch zu erfüllen, von dem Sie sofort einen

FINANZIELLER MINIMALISMUS

Nutzen haben werden. Der Erfolg dieses kleinen Sparzieles wird es Ihnen erleichtern, immer größere Summen zur Seite zu legen bis Sie in der Lage sind, aktiv an den langfristigen Zielen zu arbeiten, die Sie sich ursprünglich gesteckt hatten.

Unterschätzen Sie persönliches Interesse nicht: Wenn es darum geht, Ihre Ersparnisse auf eine Weise zur Seite zu schaffen, die Ihnen garantiert, dass das Geld weiter für Sie arbeiten wird, müssen Sie dafür sorgen, dass das Potential bestmöglich ausgeschöpft werden kann. Ein guter Weg, um ein Gefühl für die Wirkungsweise des Zinses-Zins-Effektes zu bekommen, ist die sogenannte "72er-Regel". Beginnen Sie hier einfach mit der Zahl 72 und teilen Sie diese dem wahrscheinlichen Ertrag Ihrer Investition. Das Ergebnis dieser Rechnung ist die Zeit, die es dauern wird, bis sich Ihre Ansparsumme verdoppelt hat.

Nehmen Sie beispielsweise 8.000 € als Sparsumme, die Sie zur Verfügung haben. Wenn Sie für diese 8.000 € 8% Zinsen erhalten würden, so würde es ganze 9 Jahre dauern, bis das Geld von 8.000 € auf 16.000 € angewachsen ist. Auch wenn das auf den ersten Blick als ein langer Zeitraum wirken mag, behalten Sie immer im Hinterkopf, dass das Geld im Normalfall sowieso nur „herumliegt". Durch den Zinses-Zins-Effekt kann Ihr Geld merklich anwachsen, wenn Sie ihm genug Zeit dafür geben – treffen Sie hier die richtige Entscheidung und sie kann sehr profitable für sie sein.

Führen Sie Buch über Ihre Ergebnisse: Wenn Sie Schwierigkeiten damit haben sollten, regelmäßig Geld zu sparen, dann liegt das wahrscheinlich daran, dass Sie nicht das Gefühl haben, wirklich etwas aus Ihrem Geld zu machen. Für Sie scheint es, als könnten Sie auch einfach ein Loch graben und das Geld dort hineinwerfen. Vom Gefühl her wäre das für Sie das Gleiche. Der einfachste Weg, dieses Gefühl zu überwinden, ist es, akritisch genau alle Fortschritte akribisch festzuhalten, die Sie in diesem Bereich verzeichnen können. Wenn Sie Ihre Ersparnisse jederzeit genau im Blick haben, und online nachvollziehen können, so wird aus dem abstrakten Konzept "Geld" plötzlich etwas, an dem sich das Prinzip von Ursache und Wirkung genauestens nachvollziehen lässt: Das Geld, das Sie einzahlen entwickelt sich automatisch positiv weiter. Zahllose Beispiele aus dem Leben beweisen, dass das alles ist, was Menschen brauchen, um Ihre Angewohnheiten dauerhaft zu verändern.

Belohnen Sie sich: Wie schon zuvor erwähnt, ist es wichtig, sich Meilensteine zu setzen damit Sie das Gefühl bekommen, dass die Aufgabe sich anfühlt, als hätte sie jemand in mundgerechte Stücke geschnitten. Und noch wichtiger ist es, dass Sie sich ab und an für Ihre harte Arbeit belohnen – einerseits, weil Sie es sich verdient haben und andererseits weil es wichtig ist, sich zwischendurch etwas selbst zu motivieren; besonders dann, wenn Ihr neues Sparverhalten Ihnen das Gefühl gibt, auf etwas verzichten zu müssen. Wenn Sie sich ab und zu eine kleine Belohnung gönnen, wird Ihr Gehirn mit der Zeit lernen, Sparverhalten mit positiven Erlebnissen in Verbindung zu bringen. Sie müssen nur vorsichtig sein, sich nicht zu sehr zu belohnen. Sonst könnte die Erreichung Ihrer gesteckten Ziele sehr schwierig werden. Gönnen Sie sich ab und an eine Kleinigkeit und kehren Sie dann wieder zu den Angewohnheiten zurück, mit denen Sie sich Ihre Belohnung verdient haben.

Legen Sie Ihre Gehaltserhöhungen aufs Sparkonto: Wenn Sie Schwierigkeiten damit haben sollten, von Ihrem monatlichen Budget Sparkapital abzuzweigen, ist es am Einfachsten, einfach das Geld Ihrer nächsten Gehaltserhöhung komplett als Sparsumme festzulegen. So bekommen Sie nicht nur relativ einfach die benötigten finanziellen Mittel, viele Firmen bieten auch an, etwas zu dem Geld, das beispielsweise in einen Rentenfond gesteckt wird, dazuzuzahlen. Manchmal sogar das doppelte des zurückgelegten Betrages. Allerdings ist der Zugriff auf derartige Rentensparkonten in den meisten Fällen extrem limitiert. Der Betrag, den die Arbeitgeber zuschießen, variiert zwar stark, kann sich aber schnell aufsummieren – und kommt gewissermaßen kostenlosem Kapital gleich. Und wenn sich Ihre Einkommenssituation aus anderen Gründen verbessert hat, legen Sie auch dieses

FINANZIELLER MINIMALISMUS

Geld wöchentlich auf Ihr Sparkonto anstatt es in Ihre Haushaltskasse fließen zu lassen. Wenn Sie sich nicht selbst dazu zwingen möchten, Geld zurückzulegen, ist e seine gute Alternative, sich selbst zu überlisten.

Kapitel 8: Immobilien kaufen

Sobald Sie Ihre Finanzen im Griff haben, müssen Sie als nächsten Schritt in Richtung wirklicher finanzieller Unabhängigkeit damit aufhören, Miete zu zahlen und sich stattdessen um den Erwerb einer Immobilie bemühen. Eigenes Wohneigentum zu besitzen hat viele Vorteile. Der wichtigste davon ist die Tatsache, dass Sie nicht länger dafür arbeiten werden, jemand anderen finanziell unabhängig zu machen – stattdessen werden Sie in Ihre eigene Zukunft investieren. Die große Rezession hat zwar zweifelsohne gezeigt, dass Immobilien nicht ganz so kugelsicher sind, wie man 2007 noch angenommen hatte, aber sie gelten weiterhin als die verlässlichste und am wenigsten risikobehaftete Kapitalanlage – und das wird sich auch in naher Zukunft nicht ändern.

Und die Vorteile des Besitzes von Immobilien reicht noch wesentlich weiter. Sobald Ihnen eine Immobilie gehört, können Sie davon ausgehen, dass Ihr Wert pro Jahr um mindestens 3% steigen wird. Und wenn Sie die die erworbene Immobilie auch selbst bewohnen, stehen Ihnen andere Finanzierungsmöglichkeiten zur Verfügung als Menschen, die sich Immobilien lediglich als Kapitalanlage zulegen. Aber auch wenn e seine ganze Reihe an Gründen gibt, sich Wohneigentum zuzulegen sobald Sie soweit sind, so sollten Sie diesen Schritt dennoch nicht voreilig wagen. Es könnte sonst passieren, dass Sie sich eine Reihe von Problemen damit einhandeln. Um sicherzustellen, dass Sie auch wirklich schon so weit sind, lassen Sie sich Folgendes mal kurz durch den Kopf gehen bevor Sie eine endgültige Entscheidung treffen.

Behalten Sie Ihre Lebensumstände im Blick: Nur, weil sie im Moment in der Lage sind, die monatlichen Kreditrückzahlungen zu stemmen, so bedeutet das nicht automatisch, dass Sie einen Immobilienkredit anstreben sollten. Immobilien steigen relativ langsam im Wert. Wenn Sie also nur einige Jahre an Ihrem jetzigen Wohnort bleiben wollen, sind Sie vielleicht besser beraten, noch ein paar Jahre zu warten, bis Sie sich wirklich langfristig niederlassen. Gleichzeitig müssen Sie damit rechnen, dass sich der Immobilienmarkt auch ins Negative drehen kann – und Sie eventuell länger in Ihrer Immobilie wohnen bleiben werden als Sie es ursprünglich geplant hatten.

Weiterhin ist es wichtig, sich anzusehen, wie stabil Ihre Karriere im Allgemeinen ist – nicht nur Ihr derzeitiger Arbeitsplatz. Wenn Sie in einer Industrie arbeiten, die relativ risikoreich ist, müssen Sie sich fragen, ob Ihre Finanzen wirklich stabil genug sind und ob Sie die Stadt nicht gleich verlassen müssen falls Sie an Ihrer Arbeitssituation etwas ändern sollte. Seien Sie an dieser Stelle unbedingt ehrlich zu sich selbst und denken Sie daran, dass ein Immobilienverkauf innerhalb kurzer Zeit nach dem Kauf höchstwahrscheinlich Geld kosten wird anstatt eine gute Investition darzustellen.

Die Kosten kennen: Auch, wenn es stimmt, dass Sie für das Geld, das Sie momentan an Mietkosten aufbringen müssen, eine Immobilie kaufen können, so geht es bei einer derartigen Investition doch um mehr als diesen finanziellen Aspekt. *Immobilienbesitzer zu sein, bedeutet auch, die entsprechenden Versicherungen abschließen zu müssen und Steuern und Abgaben auf Ihre Immobilie aufzubringen.* Leider müssen Sie auch damit rechnen, dass diese Kosten mit der Zeit steigen werden, da Sie jetzt auch Kosten für Müllabfuhr, Wasser und Abwasser tragen müssen. Als Mieter mussten Sie diese Kosten höchstwahrscheinlich nicht selbst tragen. Und noch eines spielt eine wichtige Rolle. Wenn Sie diesen Schritt wirklich wagen, sollten Sie ein weiteres Sparkonto eröffnen, auf dem Sie Geld für überraschende Reparaturen in oder an Ihrer Immobilie anlegen. Ansonsten riskieren Sie es, dafür Ihre Notfallreserve angreifen zu müssen. Dieses Geld werden Sie an anderer Stelle besser einsetzen können.

Und wo wir schon mal bei den Kosten sind, erkundigen Sie sich vor der Vertragsunterzeichnung unbedingt nicht nur bei Ihrer Hausbank, sondern auch bei anderen Kreditinstituten in Ihrer Umgebung. Die

Zinssätze unterscheiden sich nicht unerheblich voneinander. Hier ergeben sich über die Laufzeit des Vertrages große Einsparmöglichkeiten.

Banken heutzutage sind bei der Kreditvergabe wesentlich vorsichtiger als noch vor ein paar Jahren. Daher können Sie maximal einen Kreditbetrag von 70% des gesamten Kaufpreises zu einem Zinssatz in Höhe von 5% erwarten können. Wenn Sie Ihren Kredit beantragen, werden Sie Kontoauszüge, eine Bewertung der Immobilie, für die Sie sich interessieren, Steuerunterlagen und andere Informationen vorlegen müssen. Nehmen Sie am besten alle die Dinge mit, die die Ihre Position der Bank gegenüber stützen werden. Danach kann es bis zu zwei Monate dauern bis Sie entweder eine Zu- oder eine Absage erhalten. Wenn Sie diesen Prozess so unkompliziert wie möglich gestalten wollen, können Sie sich von Ihrer Bank eventuell eine Vorgenehmigung für eine bestimmte Kredithöhe geben lassen.

Die richtige Immobilie finden: Einen großen Einfluss auf die Auswahl Ihrer Immobilie ist die Summe, die Sie sich realistischer Weise leisten können. Das bedeutet auch, dass Sie im Vorfeld eine bestimmte Summe ansparen müssen, bevor Sie sich nach einem eigenen Zuhause umsehen können anstatt umgekehrt. Ansonsten würden Sie sich ja wieder genau in die Lage bringen, aus der Sie sich grade befreit haben. Einen Anteil Ihrer Ersparnisse dafür einzusetzen, ist völlig in Ordnung, Ihre Bankkonten aber vollständig zu plündern, wird Sie nur wieder in eine problematische Position bringen.

Sobald Sie die Höhe Ihres zur Verfügung stehenden Budgets kennen, können Sie damit anfangen, zum Verkauf stehende Immobilien zu vergleichen. Beurteilen Sie dabei jede Immobilie hinsichtlich ihrer Stärken und Schwächen. Es ist zwar schön, gleich eine Immobilie zu finden, bei der Sie nur den Schlüssel umdrehen müssen, so sollten Sie doch auf bestimmte Grundelemente achten, die Sie nicht so einfach verändern können. Schlecht durchgeführte Malerarbeiten lassen sich leicht ändern, größere Bauarbeiten können da schon wesentlich

FINANZIELLER MINIMALISMUS

komplizierter sein. Es gibt kein perfektes Wohngebäude und wenn Sie rechtzeitig lernen, worauf Sie achten müssen, werden Sie bei der Suche wesentlich erfolgreicher sein.

Wenn es um die Auswahl des perfekt geeigneten Wohngebäudes geht, ist es wichtig, darauf zu achten, dass Häuser immer in Zusammenhang mit der Umgebung bewertet werden müssen. Dabei sollten Sie auch auf die Infrastruktur und die Geschäfte in der Umgebung achten. Auch Ämter und Behörden sollten Sie hier im Blick behalten. Wenn alles gut geht, werden Sie dort einiges zu erledigen haben. Und wenn es darum geht, ein Gefühl für die Nachbarschaft zu bekommen, sollten Sie dem Bezirk zumindest einmal am Tag und einmal in der Nacht einen Besuch abstatten – nur um sicherzustellen, dass die Veränderungen im Tagesverlauf nicht allzu groß sind. Weiterhin ist e seine gute Idee, sich mit Mietern in der Umgebung zu unterhalten und sie nach ihrer Meinung und Erfahrung fragen. Es ist sehr wahrscheinlich, dass diese Menschen bestimmte Mängel nicht schönreden werden.

Wagen Sie den Sprung: Wenn Sie die passende Immobilie gefunden haben, die Ihnen gefällt und sie begeistert, sollten Sie alles soweit vorbereitet haben, dass Sie so schnell wie möglich einziehen können. Wenn Sie das Gefühl haben, dass es sich bei einer Immobilie um etwas ganz Besonderes handeln könnte, dann ist das ein gutes Zeichen, dass Sie dafür ein Angebot machen sollten. Es handelt sich nämlich wahrscheinlich genau um das Haus, das Sie gesucht haben.

Bevor Sie jedoch ein Angebot abgeben, sollten Sie einen Blick auf das derzeitige Marktverhalten werfen. So können Sie herausfinden ob es eventuell für Sie von Vorteil sein kann, zu Anfang 10% weniger anzubieten, als Sie maximal zu zahlen bereit sind. Auch sollten Sie sich darüber informieren, welche Art von zusätzlichen Kosten durch den Vertragsabschluss auf Sie zukommen und welche davon vom Verkäufer getragen werden. Je nachdem, ob es sich in dem Moment, in dem Sie sich für den Kauf einer Immobilie entscheiden, um einen

NINA JACOBI

Käufer- oder Verkäufermarkt handelt, werden sich die Kosten, der der Verkäufer übernimmt, gegenüber dem, was Sie zahlen müssen, wahrscheinlich ändern.

Kapitel 9: Erste Investitionen tätigen

Wenn Sie bereits Ihre Notfallreserve angelegt, einen guten Überblick über Ihre Finanzen erhalten, die ersten Erfolge bei Ihren Sparzielen verzeichnet haben und sich bereits mit den Möglichkeiten der Finanzinvestitionen beschäftigt haben, ist es Zeit, aktiv an der Verwirklichung Ihres Traumes von der finanziellen Unabhängigkeit zu arbeiten. Sparen ist mit Sicherheit etwas sehr Schönes, aber nur, wenn Sie das Geld, das Sie sparen, auch gewinnbringend investieren, wird es auf lange Sicht gut genug für Sie arbeiten, um Sie finanziell frei zu machen. Und die Suche nach der für Sie passenden Investitionsmöglichkeit sollten Sie nicht auf die leichte Schulter nehmen. Daher haben wir Ihnen hier einige grundsätzliche Informationen zusammengestellt, die Sie sich durch den Kopf gehen lassen sollten. Erst dann sollten Sie den Schritt in Richtung Investitionen in Angriff nehmen.

Investitionen auf dem Kapitalmarkt: Wenn es darum geht, erfolgreiche Investitionen zu tätigen, gibt es keinen bekanntere Variante, als den Kapitalmarkt. In Aktien zu investieren, gleicht dem Kauf eines winzigen Anteils der entsprechenden Firma. Es gibt dabei zwei Arten der Aktieninvestition: Zum einen gibt es Vorzugs-, zum anderen Stammaktien. Und wenn Sie sich den Namen „Aktie" einfach mal durch den Kopf gehen lassen, so denken Sie wahrscheinlich zuerst an Stammaktien. Wenn eine Firma den Schritt an die Börse vollzieht, werden deren Aktien generell in Form von Stammaktien aufgelegt. Mit diesen Aktien erwirbt der Eigentümer nicht nur einen Anteil an Dividenden bzw. an den Gewinnen der jeweiligen Firma, sondern eventuell auch gewisse Mitspracherechte. Diese sind allerdings nicht garantiert. Vorzugsaktien andererseits sind unbedingt zu bevorzugen, wenn Sie sie bekommen können, Sie bekommen dafür in regelmäßigen Abständen Dividenden in festgelegter Höhe und müssen dafür lediglich Ihre Mitspracherechte aufgeben – aber diese werden sowieso nicht oft verwendet. Die Vorzugsaktien werden von den Firmen direkt statt über den Aktienmarkt ausgegeben.

Es gibt verschiedene Möglichkeiten, in Firmenaktien zu investieren. Das in Amerika verwendete 401 (k) – Modell baut auf der Ausgabe von Firmenaktien an die Angestellten als Teil Ihres Monatslohnes oder als Alternative zu anderen Vorteilen auf. Nur im Fall einer Kündigung, bei Erreichen des 60. Lebensjahres, bei einer Kündigung des Planes oder bei Renteneintritt haben die Angestellten Zugriff auf das in den Plänen angelegte Geld. Alternativ können Sie, wenn Sie dort auch selbst in Aktien investieren und Ihre Gewinne dann wieder auf ein sogenanntes IRA-Konto reinvestieren. Ein IRA-Konto ist ein speziell auf den Aufbau einer Privatrente angelegter Sparplan. Jeder kann ein derartiges Konto eröffnen und das darauf angelegte Geld, vorausgesetzt, es bleibt bis zu Ihrem Rentenantritt unberührt auf dem Konto, bleibt komplett steuerfrei.

Alternativ dazu können Sie sich, wenn Sie eine Investitionsmöglichkeit suchen, die etwas weniger spezifisch ist, auch einen Finanzberater suchen, der für Sie arbeitet und Ihre Finanzgeschäfte für Sie übernimmt. Das ist die bekannteste Variante, die viele Leute zur Abwicklung von Aktieninvestitionen abwickeln. In Amerika gibt es weiterhin sogenannte DIRPs (Dividend Reinvestment Plans), eine Art von Sparplänen, die von den Firmen direkt aufgelegt werden, anstatt konventionelle Kanäle zu nutzen. Wenn Sie sich für langfristige Investitionsmöglichkeiten interessieren, sind DRIP's vielleicht besonders attraktiv, da die Erträge laufend aktiv in die Aktien reinvestiert werden können.

Bevor Sie aber überhaupt damit anfangen können, auf dem Aktienmarkt zu investieren, müssen Sie sich darüber im Klaren sein, dass es auf dem Aktienmarkt genauso viele Risiken wie Erfolgschancen gibt. Die Aktienmärkte reagieren sehr empfindlich; genau aus diesem Grund können Sie mit Ihren Investitionen auch Geld verdienen. Diese Reaktionsgeschwindigkeit bedingt die Möglichkeit der Profiterwirtschaftung, aber sie bedeutet auch, dass Sie Ihre komplette Investitionssumme verlieren können. Diese Gefahr kann durch einen entsprechend ausgefuchsten Umgang mit dem Aktienhandel abgeschwächt werden. Auf null reduzieren lässt sich das Risiko allerdings nicht.

In Aktienoptionen investieren: In Optionsscheine zu investieren, erscheint auf den ersten Blick große Ähnlichkeiten mit dem eigentlichen Aktienhandel zu haben. Allerdings gibt es große Unterschiede. Optionsscheine können unter Umständen sogar als Rückversicherung für Aktienbestände herangezogen werden. Mit einem Optionsschein erwerben Sie die Möglichkeit, nicht aber die Verpflichtung, die damit gezeichnete Aktie zu einem bestimmten Preis zu kaufen oder zu verkaufen. Und genau hierdurch werden die Optionsscheine eine sehr attraktive Anlagevariante, wenn es darum geht, eine gewisse Absicherung für sein Aktiendepot zu erreichen. Dazu kaufen Sie beispielsweise eine zur Anzahl der Aktien passende Zahl an Optionsscheinen genau zu dem Preis, den die Aktien haben. Dadurch können Sie garantieren, dass Sie Ihre Aktien zu jeder Zeit zu einem profitablen Preis verkaufen können.

Optionsscheine gibt es grundsätzlich aus Kaufoption (sogenannte Calls) und als Verkaufsoption (sogenannte Puts). Wenn Sie sich dazu entscheiden, eine Call-Option einzusetzen, sagen Sie damit praktisch aus, dass der Preis der Aktien noch weiter steigen wird. Wenn Sie dagegen eine Put-Option einsetzen, gehen Sie davon aus, dass die entsprechende Aktie im Wert fallen wird. Weiterhin kann man die Optionsscheine noch in amerikanische und europäische Optionen unterteilen, auch wenn das nichts mit der Herkunft oder dem Standort zu tun hat. Amerikanische Optionen können zu jedem Zeitpunkt vor dem Ablauf Ihrer Gültigkeit eingesetzt werden, europäische Optionen hingegen können lediglich zum Auslaufdatum eingesetzt werden.

Abgesehen von der Absicherung von Aktien, die Sie bereits besitzen, können Sie Optionsscheine auch für langfristige Anlagevarianten eingesetzt werden. Im amerikanischen Sprachraum gibt es dafür den Namen Long Term Equity Anticipation Securities. Wie der Name schon sagt, sind diese Optionsscheine länger als ein Jahr gültig und können nach Bedarf an die verschiedensten Werte und Anlagen gebunden werden. Diese Art von Langzeit-Investition erzielen normalerweise die besten Resultate, wenn sie zusammen mit Sicherheiten eingesetzt werden, die eine geringere Reaktionsfreude aufweisen.

Auf dem Devisenmarkt investieren: Anders als Aktien, bei denen Sie einen kleinen Teil eines Unternehmens erwerben und Optionen, mit denen Sie die Möglichkeit erhalten, eine vorab festgelegte Menge einer bestimmten Aktie zu kaufen oder zu verkaufen, wenn sie möchten, so werden Investitionen auf dem Devisenmarkt nichts Anderes bewirken, als eine Reihe von Zahlen von einer Spalte in eine andere zu verschieben. Das bedeutet aber nicht, dass man das nicht in Betracht ziehen sollte. Aber das bedeutet nicht, dass Sie diese Investitionsmöglichkeit nicht in Betracht ziehen sollten. Auch auf diesem Marktsegment lässt sich jede Menge Geld verdienen. Der Devisenmarkt (Forex) wurde ursprünglich als Instrument des Geldtransfers für Regierungen und international agierende Unternehmen ins Leben gerufen, um unnötige Komplikationen zu vermeiden. Die einzelnen Akteure gehen ihren Tagesgeschäften nach und die Investoren kaufen bei fallenden und verkaufen bei steigenden Kursen.

Dieser Markt eignet sich dank der sogenannten Carry Trades sehr gut als Investitionsmöglichkeit. Beim FOREX-Handel entscheiden Sie sich nicht nur beim Kauf für eine bestimmte Währung und beim Verkauf für eine andere, Sie verdienen auch jeden Tag an jedem Währungspaar in Ihrem Depot Zinsen. Über das Wochenende bleibt der Devisenmarkt geschlossen, Auszahlungen finden immer mittwochs statt. Das bedeutet auch, dass sie alle Ihre Aktivitäten immer donnerstags ausführen sollten, um die maximale Höhe der Zinsauszahlungen zu garantieren. Wenn Sie die passenden Währungspaarungen gefunden haben, können Sie diese so lange behalten, wie das Zinsniveau hoch genug ist, um Einkommen für Sie zu generieren.

FINANZIELLER MINIMALISMUS

Die Mehrheit dieser Paarungen ist auf den japanischen Yen und entweder den Neuseeländischen oder den Australischen Dollar ausgelegt. Typischerweise gibt es beim japanischen Yen eine Zinsrate von .1 während die anderen bei bis zu 4.5 liegen. Daher sollten Sie besonders die Paarungen AUD / JPY und NZD / JPY im Auge behalten. Um herauszufinden, welche Verdienste Sie mit diesen Investitionen erzielen können, müssen Sie den Zinssatz der Währung, die Sie verkaufen möchten, von dem Zinssatz der Währung abziehen, die sie dafür kaufen möchten. Den sich daraus ergebenden Wert müssen Sie jetzt nur noch mit der Anzahl der Einheiten multiplizieren, die Sie kaufen bzw. Verkaufen möchten. Diese Zahl teilen Sie anschließend durch 365. Die daraus resultierende Zahl gibt an, wieviel Sie täglich bei dieser Transaktion verdienen können, nur dadurch, dass sich die entsprechende Paarung in Ihrem Besitz befindet.

Kapitel 10: Passives Einkommen aufbauen

Sobald Sie alle unserer vorangegangenen Kapitel abgearbeitet und damit den Grundstein für Ihre finanzielle Unabhängigkeit gelegt haben während Sie noch einer traditionellen Tätigkeit nachgehen, können Sie sich daranmachen, eine oder mehrere Ströme für passives Einkommen für Sich aufzubauen, mit denen Sie sich alles wie bisher leisten können, allerdings ohne 40 Stunden pro Woche dafür schuften zu müssen. Für den Durchschnittsbürger ist der einfachste Weg, dieses Ziel zu erreichen, der Erwerb von Mietimmobilien, die nicht nur für ein regelmäßiges Einkommen sorgen, sondern auch eine exzellente Geldanlage für die Zukunft darstellen.

Unter "schlüsselfertig eingerichtet" versteht man eine Immobilie, die quasi schon bei Ihrem Kauf auf einen passenden Mieter wartet, oder eventuell bereits einen Mieter hat. Dazu kommt, dass die Wohngebäude normalerweise durch eine Management-Firma gewartet werden, die entweder Sie bestimmen können, oder die bereits sich bereits vorher um die Immobilie gekümmert hatte. Das einzige, worauf Sie achten müssen, ist es, regelmäßig die anfallenden Rechnungen aus dem Einkommen zu begleichen, das aus der Vermietung entsteht. Machen Sie hier aber unbedingt Ihre Hausaufgaben. Davon kann entscheidend abhängen, ob der Aufbau Ihres passiven Einkommens ein Erfolg oder ein Misserfolg wird.

Den finanziellen Spielraum abstecken: Wenn Sie Ihre Kostenkalulation für diese Art von Immobilien erstellen, wird der Kaufpreis in der Regel 10 - 20 % höher sein, als der eigentliche Marktpreis. - ganz einfach deshalb, weil sämtliche Renovierungs- und Reparaturarbeiten bereits im Vorfeld für Sie erledigt wurde. Weiterhin müssen Sie in Betracht ziehen, dass auch die Arbeit der Management- Firma mit Gebühren verbunden sein wird. Und ganz zum Schluss sollten Sie nicht vergessen, einen Leerstand der Immobilie von etwa einem Monat pro

FINANZIELLER MINIMALISMUS

Jahr in Betracht zu ziehen, egal, welche Versprechungen Ihnen der Verkäufer macht. Einfach als Vorsichtsmaßnahme. Danach müssen Sie als letzten Schritt nur noch herausfinden, mit welcher Höhe des Mietzinses Sie diese Kosten decken können und ob diese Kosten in der jeweiligen Umgebung auch der marktüblichen Höhe entsprechen. Wenn diese Rechnung aufgeht, ist die Wahrscheinlichkeit, mit dieser Strategie Erfolg zu haben, relativ hoch.

Den richtigen Verhandlungspartner finden: Viele der besten schlüsselfertigen Immobilien, die auf dem Markt angeboten werden, verkaufen sich oft unter dem Marktwert. Als Investor müssen Sie sich keine Sorgen darum machen ob Ihre Immobilie direkt bei Ihnen in der Nähe liegt - Sie müssen nur dafür Sorge tragen, dass Sie im Fall des Falles Ihrer Immobilie einen Besuch abstatten können. Allerdings müssen Sie hier auch etwas vorsichtig sein. Allein schon die Tatsache, dass Sie sich für Immobilien in einem anderen Teil des Landes interessieren, bedeutet, dass es für einige sehr einfach wird, eine Webseite zu erstellen, deren Inhalt nicht unbedingt viel mit der Realität zu tun haben muss. Eine vertrauenswürdige Webseite wird sich im Aussehen nicht sehr von der Webseite eines Betrügers unterscheiden. Und daher sollten Sie auf jeden Fall sicherstellen, dass die Firma, die Sie sich aussuchen, auf jeden Fall eine solide Tür hat, an die Sie im Fall des Falles klopfen können.

Es gibt zwar mit Sicherheit Firmen auf dem Markt, auf die Sie sich 100%ig verlassen können, das Risiko, einen Immobilienkauf nur über das Internet abzuwickeln, ist aber in jedem Fall zu groß. Und das gilt ganz besonders, weil diese Firmen quasi wie auf Knopfdruck verschwinden können. Und dann ist es sehr wahrscheinlich, dass Sie das erst einige Wochen oder einen Monat später feststellen werden.

Nachdem Sie die Online-Firmen mal aus dem Weg geschafft haben, ist die nächste Gruppe, die Sie aussortieren sollten, diejenigen, die es seit weniger als 10 Jahren gibt. Der Immobilienhandel ist ein kompliziertes Geschäft – und es braucht Zeit, bis man es wirklich beherrscht.

Wenn Sie das im Hinterkopf behalten, würden Sie Ihr passives Einkommen wirklich jemandem anvertrauen, der nicht wirklich weiß, was er tut? Lassen Sie auf diesem Gebiet keinen Neuling mit Ihrem Geld herumexperimentieren, suchen Sie stattdessen nach einer Firma mit einer langen Erfolgsgeschichte. Und gehen Sie hier auch dahingehend auf Nummer sicher, dass Sie die Angaben zum Erfolg der Firma, wenn möglich auf mehreren Webseiten, nachprüfen.

Sobald Sie eine vertrauenswürdige Firma mit einer seriösen Geschäftsadresse gefunden haben, sollten Sie sich als nächstes anschauen, wie die Firmenwebseite aussieht, die die Kunden zu sehen bekommen. Ihre Präsenz im Internet ist zwar nicht entscheidend über Erfolg oder Misserfolg, aber es bietet doch Einblicke in die derzeitige Führung der Firma. Eine moderne, klar gestaltete Webseite zeigt, dass der Eigentümer der Firma mit der Zeit geht und sich permanent bemüht, seinen Kunden einen Mehrwert zu bieten. Eine veraltete Webseite lässt erahnen, dass sich die Firmenführung nicht wirklich um ihr Image kümmert – und genau hier sollten Sie auch an der Qualität der Immobilien zweifeln. Suchen sie auch nach Bewertungen im Internet anderer Investoren. Auch das kann ein Hinweis darauf sein, ob die Firma das halten kann, was die Webseite verspricht.

Die Art positive Bewertungen, nach denen Sie suchen sollten, enthält Verweise auf die allgemeinen Geschäftspraktiken, die Qualität der Renovierungsarbeiten, die Investor Relations und die Qualität der einzelnen Immobilien. Und in diesem Arbeitsgang sollten Sie auch alle Informationen, die die Firma über die jeweilige Region zur Verfügung stellt, durch Eigenrecherche überprüfen. Auch die Geschichte des jeweiligen Unternehmens sollten Sie im Internet kurz nachschlagen. Auch wenn Ihnen diese ganzen Rechercheschritte übertrieben vorkommen sollten, es ist wahrscheinlich immer noch nicht genug. Bevor Sie sich aber entweder so oder so entscheiden, sollten Sie der Immobilie und der Management-Firma auf jeden Fall einen kurzen Besuch abstatten. So **können Sie sich vor Ort ein Bild machen und**

entscheiden, ob Ihnen das Geschäftsgebaren zusagt. Das ist dann auch der letzte Schritt auf Ihrer langen Reise.

Nehmen Sie Kontakt zu den Firmen auf, für die Sie sich interessieren: Nachdem Sie sich mehrere Managementfirmen angesehen haben, ist der nächste Schritt, sich mit diesen Service-Anbietern in Verbindung zu setzen – und danach weiter die Spreu vom Weizen zu trennen. Und mit dem Beginn Ihrer Analyse sollten Sie gleich in dem Moment beginnen, in dem Sie sich entschieden haben, eine bestimmte Firma zu kontaktieren – Sie sollten sich nämlich notieren, wie lange es dauert, bis Sie die Kontaktdaten gefunden haben und wie viele verschiedene Möglichkeiten Sie zur Kontaktaufnahme haben. Denken Sie immer daran, dass Sie die Firma gegebenenfalls auch einmal in großer Eile erreichen können müssen wenn Sie eine Immobilie kaufen oder von ihr verwalten lassen. Wenn Sie nicht die Möglichkeit haben sollten, die Firma direkt über Telefon zu erreichen, suchen Sie sich einen anderen Anbieter.

Wenn Sie alle Informationen beisammenhaben, versuchen Sie direkt den für Käufer zuständigen Ansprechpartner zu erreichen. Es ist zwar in Ordnung, zunächst nur einmal eine Nachricht zu hinterlassen, aber wenn Sie zwischen Montag und Donnerstag angerufen haben, gibt es keinen Grund, warum Sie länger als 24 Std. auf eine Rückantwort warten sollten. Wenn die Firma, mit der Sie Kontakt aufgenommen haben, nicht darum bemüht ist, sich möglichst schnell bei Ihnen zu melden – wo dieser Anruf doch eventuell 100.000 € einbringen könnte, dann ist es ebenso unwahrscheinlich, dass derzeitige oder zukünftige Mieter besonders viel Freude an einer Zusammenarbeit hätten.

Was für ein Gefühl haben Sie beim Erstkontakt? Die Mehrheit der Klienten dieser Firmen kommen meistens von außerhalb. Daher nehmen viele der Management-Firmen die Professionalität eventuell nicht ganz so genau. Vergewissern Sie sich, dass jeder, mit dem Sie es in der Firma zu tun haben, ein einwandfreies Geschäftsgebaren an den Tag legt. Bevor Sie überhaupt mit irgendjemandem sprechen, sollten Sie im Vorfeld Ihre eigene Recherche abgeschlossen haben – dann können Sie Ihren Gesprächspartner mit Ihren Fragen löchern. Sie werden selber gut genug Bescheid wissen um eines zu beurteilen: Wenn Ihr Gesprächspartner nicht mehr weiß als Sie nach kurzer Eigenrecherche herausfinden konnten, welchen Vorteil hätte dann eine Zusammenarbeit mit ihm?

Zusammenfassung

Vielen Dank, dass Sie sich bis zum Ende von **Geld sparen:** *Wie Sie Geld sparen, mit einem begrenzten Budget auskommen und stressfrei leben können. Ihr Fahrplan in die finanzielle Unabhängigkeit* durchgearbeitet haben. Wir hoffen, dass es informativ war und Ihnen all die Werkzeuge an die Hand gegeben hat, die Sie brauchen, um Ihre Ziele zu erreichen. Egal, wie diese auch aussehen. Aber nur, weil Sie dieses Buch zu Ende gelesen haben, bedeutet das nicht, dass Sie Ihr Wissen zu diesen Themen nicht noch weiter erweitern können. Ständig weiter zu lernen ist der einzige Weg, um wirklich finanziell unabhängig zu werden. Es ist wichtig, einen Schritt nach dem anderen vorzunehmen und sich nicht entmutigen zu lassen, wenn Sie kurz vom Weg abweichen. Wichtig ist, dass Sie im Großen und Ganzen Ihre Ziele erreichen.

Jetzt nachdem Sie das Buch fertiggelesen und daraus einen genauen Fahrplan zu Ihrer finanziellen Unabhängigkeit erstellt haben, der Sie von einer Verschuldungssituation heraus und hin zu finanzieller Unabhängigkeit führen wird, sind Sie sicher sehr enthusiastisch. Leider hält dieser Enthusiasmus bei den meisten Menschen nicht allzu lange an. Und meistens schwindet er genau zu dem Zeitpunkt, an dem sie anfangen müssen Ihre Ausgaben zu reduzieren, um sich aus ihrer finanziellen Unabhängigkeit zu befreien. Wenn Sie wirklich finanzielle Unabhängigkeit erreichen möchten, dann ist es sehr wichtig, sich diesen Enthusiasmus zu bewahren und zwar langfristig. Lassen Sie Ihre Träume nie los. Jeder der oben beschriebenen Schritte verlangt zur Umsetzung Strebsamkeit und Unnachgiebigkeit – und keine dieser Eigenschaften lassen sich so einfach ein- oder ausschalten. Hier geht es im wahrsten Sinne des Wortes um Alles oder Nichts.

Wenn der Weg, der vor Ihnen liegt, auch nicht einfach sein wird, so warten doch eine ganze Reihe an unglaublichen Belohnungen auf Sie.

Lassen Sie sich diesen Gedanken ein Trost sein und lassen Sie alles einfach auf Sie zukommen. Vielleicht sind Sie ja schneller finanziell unabhängig, als Sie gedacht hätten. Worauf warten Sie also noch?

www.ingramcontent.com/pod-product-compliance
Lightning Source LLC
Chambersburg PA
CBHW061149180526
45170CB00002B/690